# 울산 노인소비자의 웰빙문화

서정희, 허은정
안혜경, 복미정

UUP

울산 노인소비자의 웰빙문화

- **2013년 9월 1일 초판 인쇄 2013년 9월 5일 초판 발행**
- **지은이** 서정희, 허은정, 안혜경, 복미정
- **펴낸이** 이 철
- **펴낸곳** UUP.(울산대학교출판부) 680-749 울산광역시 남구 대학로 93(무거동)
- 전화 (052)259-2488 팩스 (052)277-3011
- **홈페이지** http://uup.ulsan.ac.kr
- **출판등록** 제370-1996-000001호(1996.3.13)
- ₩ 7,000



ISBN 978.89.7868.307.4 (93330)

# 서문

최근 우리나라에서 사회적으로 중요한 이슈 중의 하나는 저출산과 고령화이다. 현재 우리나라의 출생률은 세계 최저수준으로 감소한 반면 노인인구는 급격히 증가하고 있으며, 의학기술의 발달로 평균수명이 80세를 넘어 이제는 100세 시대를 바라보고 있다. 양적인 증가에 힘입어 노인소비자들은 이전에 비해 사회적으로 중요한 집단으로 등장하였을 뿐만 아니라, 이들이 직면하고 있는 건강문제, 경제적 문제, 복지 문제 등 다양한 문제에 대해 우리 사회가 보다 관심을 가져야 할 시기이다.

저자들은 노인소비자에 대해 평소에 관심이 많았지만, 노인소비자들의 특성상 이들을 대상으로 자료 수집이 어렵기 때문에 연구에 항상 걸림돌로 작용하였다. 그러던 중 울산발전연구소의 도움으로 울산광역시에 거주하는 노인 500명을 대상으로 질문지 조사를 통한 자료를 얻을 수 있는 기회를 가지게 되었다. 연구대상자들은 울산광역시 5개 구에서 각 100명씩 무작위 표집을 통해 표본을 구성하였고, 전문조사원들이 일대일 면담을 통해 자료를 수집하였다. 사용된 질문지는 노인소비자의 육체적 및 정신적 건강관리 등에서부터 노인소비자들의 취업실태, 노인복지시설에 대한 이용과 요구, 가정생활만족도 등 광범위한 주제를 포함하고 있었다. 연구자들은 이 자료를 사용하여 다양한 연구를 하였고, 이를 통해 울산광역시에 거주하는 노인소비자들의 삶의 일면을 이해할 수 있었다.

노인소비자들에 대한 학술연구도 부족한 편이고 더군다나 실증자료를 기초로 한 저서가 필요한 때에 서정희 교수의 제안으로 이 책이 만들어지게 되었다. 서정희 교수는 이 책의 전체 구성뿐만 아니라 대부분의 내용을 집필하였는데, 1장 새로운 노인소비자의 등장과 2장 고령친화 산업의 성장을 포함하는 제 1부 전체를 최신자료를 바탕으로 새롭게 집필하였다. 제 2부는 울산광역시 노인소비자의 웰빙 실태로서 여기에는 노인소비자에 대한 질문지조사 자료를 바탕으로 저자들이 지난 몇 년간 연구한 연구들을 주제별로 구성하여 정리하였다. 3장은 노인소비자의 구매문제, 4장은 노인소비자의 취업문제, 5장은 노인복지시설 이용과 요구, 6장은 노인소비자의 건강관리, 7장은 노인소비자의 건강보조식품 소비패턴, 마지막으로 8장은 노인소비자의 가정생활만족도를 포함하고 있다. 책의 마무리는 허은정 교수가 담당하였다.

이 책은 대학에서 노인소비자에 관심을 가지는 노인복지나 노년학, 소비자학 전공 학생들이 사용할 수도 있고, 노인소비자에 대해 연구하는 연구자들의 참고서적으로 활용될 수 있다. 뿐만 아니라 이 책은 노인소비자들의 건강문제, 경제적 문제, 생활만족도 및 복지시설이용에 대한 기초정보를 제공해 주기 때문에 노인복지와 관련된 정부나 지자체의 정책입안에 도움을 줄 수 있을 것으로 기대된다. 마지막으로 이 책을 출판하는데 많은 도움을 주신 울산대학교 출판부 여러분께 고마움을 전한다.

2013년 3월

저자일동

# 목차

**제 1부 노인소비자의 부상 / 9**

**제1장 새로운 노인소비자의 등장 / 11**

1. 신 노인소비자 ············ 11
   1) 스트롱 시니어 ············ 11
   2) 오팔족 ············ 13
   3) 통크족 ············ 16
2. 성공적인 노화 추구
   1) 성공적인 노화를 위한 책략 ············ 17
   2) 성공적인 노화의 조건 ············ 19
3. 100세 수명시대
   1) 100세 시대의 정책방향 ············ 21
   2) 100세 시대를 대비한 은퇴준비 ············ 25

**제2장 고령친화 산업의 성장 / 29**

1. 고령친화 산업 발달의 배경 ············ 29
   1) 새가 복지 서비스의 증가 ············ 29
   2) 보건, 의료, 복지의 연계 심화 ············ 30
   3) 경쟁력 있는 노인층 형성과 노인욕구의 다양화 ············ 31

2. 고령친화 산업의 수요와 분류 ······ 32
3. 고령친하 산업의 분류 ······ 33
4. 고령친화산업 진흥법 ······ 36
1) 고령친화산업 진흥법의 목적 ······ 36
2) 고령친화산업 발전계획 ······ 36
3) 소비자의 권익보호 ······ 37
4) 고령친화산업의 기반조성 ······ 37
5) 고령친화산업 표준화 ······ 38
6) 국제협력 및 해외시장진출 촉진 ······ 39
7) 고령친화산업 지원센터 ······ 39
8) 고령친화제품의 품질 향상 ······ 39
9) 우수사업자에 대한 지원 ······ 40
5. 울산광역시 고령친화사업 육성을 위한 중장기 플랜
1) 사업의 필요성 ······ 40
2) 사업의 주요내용 ······ 41

**제 2부 울산광역시 노인소비자의 웰빙실태 / 43**

1. 연구방법 ······ 43
2. 조사대상자의 특성 ······ 44

**제3장 노인소비자의 구매문제 / 53**

1. 노인소비자의 구매문제 인식 ······ 54
2. 사회인구학적 변수와 노인소비자의 구매문제 인식 ······ 58
3. 건강관련 변수와 노인소비자의 구매문제 인식 ······ 62

**제4장 노인소비자의 취업문제 / 67**

1. 노인소비자의 취업 실태 ······ 70
1) 과거 직업과 현재의 취업상태 ······ 71
2) 취업노인의 고용실태 ······ 72

3) 취업희망 여부 및 구직 관련사항 ···· 73
4) 노인의 취업 요구도 ···· 74
5) 직업을 가지지 않는 이유 ···· 76
6) 구직 시 고려요인 ···· 76
7) 희망하는 근무형태 ···· 77
8) 노인들의 직업 참여 예상 여부 ···· 77
2. 노인의 인구통계학적 변수와 취업유무 ···· 78
3. 노인의 취업과 가계 경제생활 ···· 81

**제5장 노인복지시설 이용과 요구 / 85**

1. 우리나라의 노인복지시설 현황과 이용 ···· 87
2. 관련연구의 고찰 ···· 91
1) 선행요인(predisposing factor) ···· 92
2) 가능성요인(enabling factor) ···· 93
3) 욕구요인(needs factor) ···· 95
3. 노인복지시설 요구유형과 이용유형 ···· 96

**제6장 노인소비자의 건강관리 / 101**

1. 노인소비자의 건강상태, 음주와 흡연 ···· 101
2. 노인소비자의 건강관리 행동 ···· 103
1) 건강관리행동 실태 ···· 103
2) 식이요법 ···· 104
3) 운동 ···· 105
4) 질병과 병원 이용 및 의약품 복용 ···· 105
5) 의료기 사용 ···· 109

**제7장 노인소비자의 건강보조식품 소비패턴 / 113**

1. 노인소비자의 건강보조식품 섭취실태 ···· 115
2. 건강보조식품 소비실태에 영향을 미치는 요인 ···· 120

3. 노인소비자의 건강보조식품 소비패턴 …… 126

## 제8장 노인소비자의 가정생활만족도 / 131

1. 노인소비자의 생활만족도 개념과 측정 …… 132
2. 노인소비자의 가정생활만족도 수준과 유형 …… 134
3. 노인소비자의 생활만족도와 관련요인 …… 136

## 참고문헌 / 143

# 제 1부

# 노인소비자의 부상

우리나라는 경제와 의료기술의 발달로 2000년부터 65세 이상 노인인구가 전체 인구의 7.2%를 넘어섰고, 2011년 현재 11.3%가 되었고, 매우 빠른 속도로 고령화가 진행되고 있어 2020년에는 15.6%, 2026년엔 20%가 되어 초고령사회에 진입하게 되고, 2030년엔 24.3%, 2050년엔 38.2%까지 늘어날 것이라고 추산되고 있다(보건복지가족부, 2012). 이렇게 노인인구가 증가하면서 50살은 청년, 70살은 중년, 노인은 90살인 시대에 우리는 살고 있다(강석훈, 2011.1.10.). 일본식 인구고령화를 막지 못하면 4.1%인 잠재성장률이 2020년에 1.9%, 2030년엔 -0.3%까지 떨어질 수 있는 것으로 밝혀져 크게 사회문제가 될 것이다. 이처럼 빠르게 증가하고 있는 노인인구와 노인들의 삶을 능동적으로 이끌기 위해 여러 가지 대책들이 논의되어야 할 시점이다.

2011년 최저생계비 미만으로 생활하는 노인 기초생활수급자는 378,411명으로 전체 노인 중 6.6%에 달했고, 전체 수급자 중에서도 27.4%였다. 그러나 2009년 기초노령연금을 신청한 사람들 중에서는 순자산이 3000억원에 달할 정도로 자산을 많이 보유한 노인들도 많았다. 그만큼 경제협력개발기구(OECD) 회원국 가운데 최고 수준인 노인 빈곤율뿐만 아니라 노인 세대 내 양극화도 심각한 문제다. KDI가 작성한 `고령층 경제력 분포를 고려한 기초노령연금의 역할과 재편 방향` 보고서에 따르면 토지의 경우 상위 1%가 39.8%를, 건물은 상위 1%가 56.5%를 소유하고 있어 자산의 불평등 정도가 심했다.

기초노령연금을 신청한 524만명의 자산을 보면 평균값은 1억8100만원인데 중위값은 5300만원에 불과했다. 이는 자산을 많이 보유한 소수의 노인들이 평균값을 확 높였기 때문이다. 재산이 아예 없는 노인의 수는 지난해 기준으로 33만 6000명이다. 반면 월소득이 500만원이 넘는 노인들의 재산 중간값은 12억8800원일 정도로 소득과 재산이 모두 풍부한 노인들도 많다. 기초노령연금을 신청한 노인 가운데 소득이 아예 없는 한 70대 노인의 순자산액은 781억원에 달했다.

가계동향조사를 이용해 가구 유형별 경상소득의 지니계수를 계산한 결과도 노인이 포함되지 않은 가구의 지니계수는 0.33, 노인이 포함된 가구의 지니계수는 0.49로 확연한 차이를 보였다. 노인층의 소득불평등성이 사회 전체의 불평등성보다 훨씬 높은 것이다. 이 때문에 윤희숙 KDI 연구위원은 보고서에서 "고령층 빈곤율이 높더라도 고령층 내부의 소득불평등이 높기 때문에 노인 빈곤 완화를 위한 복지혜택을 노령인구 전체에게 제공하는 것은 부적절하다"고 주장했다. 소득은 없는데 자산에 집중된 노인가구의 재무 상황도 문제다. 현재 노인들 중 소득이 없는 노인들은 201만명으로 노인빈곤율은 47% 수준이다. 다른 OECD 국가의 평균 빈곤율보다 우리나라의 빈곤율이 3배가량 높은 이유는 1차적인 사회 안전망이 부족하고 국민연금 혜택을 받지 못한 노인들이 많기 때문이다.

외국의 경우에는 공적연금이 성숙단계이기 때문에 노인들의 연금소득이 노후생활을 유지할 정도가 되지만 우리나라의 국민연금 역사는 25년에 불과해 공적연금에 가입할 기회가 없었던 노인들이 대부분이다. 현재 기초노령연금을 받는 380만명 중 공적연금을 하나도 받지 않는 사람이 76%에 달한다. 소득이 적으면서 자녀들의 도움을 받지 못하는 사람들은 퇴직금이나 얼마 안 되는 기초노령연금에 기대야 하는 실정이다.

고령층의 소득보유비율은 42.5%에 불과하지만 부동산 보유비율은 71.6%로 노인들의 전반적인 자산 상황은 그리 나쁘지 않은 편이다. 그러나 연금소득과 근로소득이 없는 상태에서 자산만 있다 보니 노인가구들은 재산이 많아도 생활수준이 낮은 `하우스푸어` 생활을 감당해야 하는 판이다(매일경제 2013년 2월 21일).

인구사회학적 측면에서 울산은 전국에서 가장 젊은 도시적 특성을 지니고 있음은 분명한 사실이다. 그러나 울산시민의 평균수명 연장으로 65세 이상의 노인인구의 비율은 매년 증가하여 1997년 5.0%이던 노인인구의 비율이 2005년에는 7.3%에 달하였고, 2010년에는 6.9%, 2015년 9.3%, 2020년 18.3%, 2030년에는 23.9%로 증가하여 전국 평균 24.1%에 근접한 비율로 증가할 추세를 보이고 있다. 이처럼 노령화 지수가 커진다는 사실은 노인인구가 증가한다는 것을 의미하며, 울산의 경우에도 인구구조의 고령화 현상이 드러나기 시작했음을 의미한다.

우리나라는 저출산 고령화와 더불어 핵가족화, 여성의 사회활동 참여 등으로 인해 사회적 위기에 봉착해 있다. 즉, 고령 인구근로자 비중의 확대 등은 인건비 상승과 노동생산성 하락으로 인해 기업에 부담으로 작용하게 되고 국가 경쟁력에 위협을 주고 있으며, 뿐만 아니라 급격한 고령화로 인한 생산 가능 인구들의 노인부양부담 증가와 의료비 등 정부 재정지출 확대 등 이중고가 예상된다.

그러나 노인을 단순히 복지수혜자가 아닌 건전한 소비주체로 인식할 경우 고령친화 산업이 국가의 성장 동력이 될 수 있다. 보건복지부의 조사에 의하면, 노인과 관련된 서비스·용품·주거·문화·여가·금융 등 각 분야를 집중 육성할 경우 고령친화산업의 시장규모가 2010년 33조2천241억 원에서 이후 10년간 연평균 14.2%씩 성장하여, 2020년에는 125조원 규모에 달할 것이라고 한다.

# 제1장
# 새로운 노인소비자의 등장

햇빛 속으로 걸어 나오라

존 로빈스는 100세까지 건강하게
살아갈 수 있도록 이런 일들을 권하고 있다.
"눈밭을 뒹굴어라. 빗속을 달려라. 달밤에 춤을 추고,
맨발로 잔디를 밟고, 친구와 함께 별을 보자."
늙어간다는 우울한 기분에 갇혀 있지 말고
햇빛 속으로 걸어 나오라.
찬란한 인생이 당신을 기다리고 있다.
목말랐던 공부를 하고, 하고 싶던 일을 하고,
모아둔 돈으로 여유를 즐기며 그야말로
인생의 황금기를 누릴 수 있다.

- 이시형의 《에이징 파워》 중에서 -

## 1. 신 노인소비자

### 1) 스트롱 시니어

스트롱 시니어(strong senior)는 건강과 경제적 능력을 바탕으로 능동적인 삶을 추구하는 노인 소비자를 의미한다. 즉 스트롱 시니어는 사회 참여의식이 높고 개

인주의적 가치관이 확산되어 있어서 수동적인 시니어에 비하여 자신을 위한 소비를 많이 하는 특성을 가지고 있다. 우리나라에서는 1955년부터 1963년에 태어난 약 810만면의 베이비 붐 세대가 스트롱 시니어 계층의 주류를 형성할 것으로 전망되고 있다. 이들은 전체 토지 시장의 42%, 건물 시장의 58%를 보유하고 있어서 상당한 경제적 잠재력을 가지고 있기 때문에 새로운 소비세력으로 부상하고 있다. 매슬로우의 욕구 5단계설을 중심으로 하여 기존 고령자의 욕구와 스트롱 시니어의 욕구를 체계적으로 비교하여 분석하면 다음과 같다(정혁진, 2006).

### (1) 생리적 욕구

기존 고령소비자는 방문개호서비스, 기본 생계의 유지, 복지 욕구에 관한 니즈, 방문을 통한 입욕과 식사 서비스에 대한 욕구가 강하나, 스트롱 시니어는 생리적 욕구가 필요 없거나 이미 해결된 상태이다.

### (2) 안전의 욕구

기존 고령소비자는 요양에 대한 욕구 치료 등의 의료 서비스, 홈스테이와 데이 케어 서비스 등의 욕구를 가지고 있는데 비하여 스트롱 시니어는 건강의 유지, 자산가치 유지의 방안과 보험을 이용한 적극적 안전을 확보 등을 통하여 경제력에 대한 불안 요소를 제거하려는 욕구가 강하다.

### (3) 존경과 소속의 욕구

기존 고령소비자는 건강이나 경제적 여건 때문에 이 욕구를 가지기가 어려웠으나 스트롱 시니어는 사회와 소통감을 주는 단체나 모임을 통하여 사회와 연결을 하는 인간관계를 구축하려는 욕구가 강하다.

### (4) 자아실현 욕구

기존 고령소비자는 건강이나 경제적 여건 때문에 이 욕구를 가지기가 어려웠으나 스트롱 시니어는 목적이 있는 삶의 추구, 자유시간의 의미있는 소비, 노년기 정체성의 확보 등에 관한 욕구가 강하다.

### 2) 오팔족

이 말은 '활동적인 삶을 살고 있는 노인들'이란 뜻으로 고령화 사회의 새로운 주축으로 떠오르고 있다(오팔은 일본의 경제 캐스터인 '니시무라 아키라'와 '하타 마미코'가 펴낸《여자의 지갑을 열게 하라》에 처음 등장한 용어이다). 저자들은 일본의 소비경제를 주도하고 있는 다양한 계층을 언급하면서 '힘 있고 도전정신으로 충만한 오팔족'을 예로 들었다. 고령화 사회로 진입한 선진국에서는 이미 이들이 새로운 소비계층으로 자리잡고 있다. 전체 인구에서 노년층이 차지하는 비중이 커진 데다 젊은 시절 쌓아놓은 경제력이 뒷받침되기 때문이다. 이들은 발달된 의학의 혜택으로 건강한 삶을 누리며, 시간적 여유도 갖추고 있다. 이전 세대에 비해 개성이 뚜렷하고 모험심이 많은 것도 이들의 득성이다(뉴스와이어, 2010).

옥션은 '2010년 온라인유통 핵심 소비자 5'를 발표하고 2010년 온라인 유통을 뜨겁게 달굴 핵심 소비자로 '유라이프(U-life)족', '나홀로족(M generation)', '오팔족(OPAL)', '글로벌컨슈머', '스포슈머'를 꼽았다('오팔족(OPAL: Old People with Active Life)'은 일본의 경제 캐스터인 '니시무라 아키라'와 '하타 마미코'가 펴낸 '여자의 지갑을 열게 하라'라는 일본의 한 서적에 처음 등장한 용어이다).

인터넷도 적극적으로 즐기는 오팔족은 온라인 쇼핑을 할 때 생필품 브랜드상품 등 자신이 잘 아는 상품군부터 시작해 점점 그 범위를 확대해 가는 특징이 있다. 옥션에서는 시니어 시장의 꾸준한 성장에 따라 2009년 상반기에 시니어 의류 카테고리를 신설하고 실버용품 카테고리를 강화하는 등 이들을 끌어들이기 위한 노력을 기울이고 있다. 올해는 오팔족의 온라인 쇼핑 경험 누적에 따라 가선을 비롯해 의류, 식품, 생필품, 스포츠레저용품 등 카테고리가 다양하게 확대될 것으로 보고 있다.

인터넷이나 디지털 기기를 제대로 활용할 줄 아는 고령층이 두꺼워져 '디지털 실버(Digital Silver)족' 인터넷을 뜻하는 웹(Web)과 고령자를 지칭하는 실버(Silver)의 합성어인 '웹버(Webver)족' Silver와 인터넷 사용자를 뜻하는 네티즌(Netizen)의 합성어인 '실버티즌(Silvertizen)' 같은 신조어도 생겼다. 자연스레 장년·노년층이 정보와 애환을 나누는 웹사이트도 늘고 있다. 50세 이상이 가입할 수 있는 '유어스테이지(seniorblog.yourstage.com)'에는 36만 명의 회원이 모였다. 디지털 기기 정보는 물론 재테크·여행·건강식·취미 등 다양한 분야의 정보를 공유한다(중앙일보 2010년 12월 15일).

문화체육관광부 대학생 기자인 이정화씨가 취재한 오팔족의 하루 일과를 보면 다음과 같다.

> 최근 들어 노인복지관마다 노인들의 건강한 생활을 위해 '노인일자리 사업'에 주력하고 있다. 대부분의 오팔족들은 노인복지관을 통해 일자리를 소개받아 활동하게 된다. 서울특별시립 마포노인종합복지관에서도 이와 같은 사업을 추진 중인데, 이러한 사업의 도움으로 많은 노인들이 자신에게 맞는 일을 찾아 활동하고 있다.
>
> "쥐야, 쥐야, 어딨니~?" "부엌에~" 선생님의 물음에 아이들은 힘차게 대답한다. 대흥어린이집에서 동화구연강사로 활동 중이신 신명희씨(71)는 마포노인종합복지관의 노인일자리 사업인 '전문강사뱅크' 분야에 지원해서 어린이집 오팔선생님으로 4년째 일하고 있다. 신씨는 젊었을 적 대학교에서 사회복지학과를 전공했고, 어린이집 강사로 활동하기 전에 동화구연자격증도 취득했다고 한다. 또한 강사로 활동하기 전에 마포노인종합복지관에서 20시간의 교육을 받아 어린이집 강사가 되기 위한 준비를 마쳤다.
>
> 그는 일주일에 두 곳의 어린이집을 각각 한 번씩 방문해서, 매번 한 시간씩 아이들에게 재미있는 동화를 들려주고 마술도 보여준다. 마술이 취미라는 신씨는 복지관을 통해 꾸준히 마술을 배우고 있으며, 마술에 필요한 도구는 본인이 직접 마련한다고 한다. 뿐만 아니라 아이들이 좋아할만한 동화를 들려주기 위해서 꾸준히 서점에 가서 새로 나온 동화를 살핀다. 또한 동화 구연 때 필요한 소품도 본인이 손수 만든다고... 그 어떠한 어린이집 선생님보다 열정적인 '오팔 선생님'이다.
>
> 신씨가 들려주는 '철수(잭)와 콩나무'를 듣던 한 아이가 갑자기 큰 소리로 외쳤다. '할머니! 저 이 다음에 커서 황금알 백 개 팔아서 구두 사줄게요!' 할머니, 할아버지를 모르고 자란 1세대 가정의 아이들에게 오팔선생님은 선생님 이상의 존재이다. 아이들은 오팔선생님과의 만남을 통해 안정적인 정서를 갖게 되며, 오팔선생님은 아이들의 활기찬 모습에 한층 더 젊어지신다.
>
> 마포노인종합복지관 앞에 어르신들을 위한 카페 부스가 생겼다. 중요한 것은 커피를 판매하는 것도 어르신들이라는 것! '실버까페 샤이닝'이라는 이름을 가진 이 부스는 복지관 어르신들을 위해 판매하는 것으로 대부분의 커피가격이 1000원이고, 물론 이 곳을 들르는 일반인들에게도 커피를 판매한다.
>
> 커피를 판매하는 어르신들은 오전반과 오후반으로 나눠서 일하고 계시는데, 커피도 직접 만드시고 판매도 직접 하므로 더욱 활기찬 활동이 가능하다. 4월 9일에는 원두커피기계를 새로 들여온 기념으로 시음회를 실시했는데, 복지관 어르신들과 일반

인 모두에게 뜨거운 반응을 얻었다. 시음회를 준비하면서 정신없이 바쁜데도 이 곳 어르신들은 찡그린 기색 하나 없이 일하신다. 한 어르신은 "집에 있으면 무료한데, 여기 와서는 즐겁게 일하며 삶의 돌파구를 찾는다"며 "일하면 보람도 있고 자꾸 움직이니까 건강도 좋아진다"고 '오팔족' 다운 활기참을 보여주시기도. 이처럼 커피를 판매하는 등의 일은 이들에게 고된 일이 이니라 오히려 삶의 즐거움이다.

그 뿐만 아니라 이들은 독거노인들을 직접 찾아가 도와주는 일도 한다. 노인 복지관을 통해 연결이 되면 오팔족들은 독거노인들을 찾아가 말벗도 해주고 같이 장도 봐주며 함께 시간을 보낸다. 이 일을 통해 어르신들은 친구가 생겨 일석이조의 효과를 본다.

눈이 잘 안 보이는 독거노인을 방문한 최경심씨(74)는 몇 번의 방문 끝에 서로 절친한 친구가 되어 같이 속에 있는 이야기도 나누고 시간도 보내게 되었다. 최씨는 또한 원래 일정보다 더욱 자주 방문하며 독거노인을 돌봐주고 있다. 힘들지는 않느냐는 기자의 질문에 최씨는 "힘들게 뭐가 있는가?"라고 활기차게 대답하시며 "이 일을 하기 전에는 봉사활동을 했었는데, 마포노인복지관을 통해 이 일을 하게 되면서 더욱 보람차게 생활하고 있다"고 하셨다.

오팔족에 대비되는 전통적인 노인상이 '젖은 낙엽족'이다. 일에 쫓겨 이렇다 할 취미도 없고 은퇴를 준비하지도 못해서 혼자서는 살아갈 엄두도 못내는 남성 노인을 지칭하는 말이다. 젖은 낙엽이 빗자루에 달라붙어 떨어지지 않는 것처럼 부인을 24시간 따라다니면서 한사코 붙어있다는 의미이다. 젖은 낙엽족이 되지 않기 위해서는 다음과 같은 일들을 스스로 할 수 있어야 한다.

- □ 깨우지 않아도 혼자서 일어난다.
- □ 스스로 이불을 펴고 갠다.
- □ 청소기 사용법을 안다.
- □ 세탁기를 사용할 줄 안다.
- □ 빨래를 널고 갤 수 있다.
- □ 밥을 지을 수 있다.
- □ 라면 계란 프라이 말고도 할 수 있는 요리가 있다.
- □ 설거지를 할 수 있다.
- □ 단추를 달 수 있다.
- □ 구두를 닦을 수 있다.

- ㅁ 목욕물을 맞출 수 있다.
- ㅁ 쓰레기 분리수거 일을 기억할 수 있다.
- ㅁ 속옷, 양말, 양복이 어디 있는지 안다.
- ㅁ 집의 중요한 서류가 어디 있는지 안다.
- ㅁ 화장지를 값싸게 파는 곳을 안다.
- ㅁ 혼자 장보기가 가능하다.

### 3) 통크족

보건복지부(2004)에 의하면 1990년 이후 55세 이상 노인가구의 소득이 매년 10%씩 증가하고 있고, 2010년에는 국민연금 등 연금수급권자가 400만 명에 달하는 등 경제력을 가진 고령인구가 소비의 주요세력으로 등장할 것이라고 하였다. 핵가족화 진전과 연금시장 확대 등의 영향으로 전통적인 노인상을 거부하는 통크족이 등장하는 등 자기중심적이고 감각을 중시하는 소비성향이 노년층에까지 확산될 전망이다.

대한상공회의소(2005)는 최근 젊은 층의 전유물로 여겨지던 자기중심적이고 감각지향적인 소비패턴이 노년층까지 확산되는 조짐을 보이고 있다고 하면서, 손자·손녀를 돌보던 전통적인 할아버지·할머니상을 거부하고 자신들만의 인생을 추구하는 신세대 노인층이 향후 비중 있는 소비자집단으로 등장할 것이라고 하였다.

이런 자기중심적이고 감각적인 소비유형 중에서 향후 노년층에까지 확대될 것으로 전망하고 주목해야할 마케팅 타깃으로 통크족(Tonk)을 지적 할 수 있다. 최근 한 조사에 따르면 이미 60세 이상 노인 중 무려 63%가 통크족을 희망한다는 결과가 있었다.

Tonk는 Two only no kids의 약칭으로 자녀에게 부양받기를 거부하고 부부끼리 독립적으로 생활하는 노인세대로, 손자와 손녀를 돌보느라 시간을 빼앗기던 전통적인 할아버지와 할머니상을 거부하고 자신들만의 인생을 추구하는 이른바 신세대 노인층을 의미한다.

이와 관련하여 최근 이들을 대상으로 한 액정과 버튼이 큰 휴대폰, 혈당체크 기능이 있는 휴대폰 등이 출시되고 있으며, 백화점의 실버웨어 전문매장도 늘어나는 추세이다. 이밖에 유언이나 상속 등 자산관리서비스를 제공하는 실버금융상품이나 노년층을 대상으로 한 여행상품 개발도 활발히 이루어지고 있다.

## 2. 성공적인 노화 추구

### 1) 성공적인 노화를 위한 책략

노인소비자들은 노화에 성공적으로 적응하기 위하여 선택, 최적화, 보완이라는 3가지 책략을 사용한다. 이 3가지 책략을 통한 성공적인 노화의 원리는 전 생애에 걸쳐서 경험하게 되는 보편적인 적응과정이다(Baltes & Baltes, 1990).

첫째, 선택전략은 나이가 들면서 쇠퇴하고 감소하는 부분이 증가하므로 자신이 잘 수행할 수 있는 몇몇 영역만을 선택하고 다른 영역은 무시하는 책략이다. 환경의 요구와 개인적인 동기, 기술, 생물학적 잠재능력 등이 일치하고 중요한 의미를 가지는 영역에 개인의 자원을 집중함으로써 개인적 통제감과 주관적인 만족감도 경험할 수 있다.

둘째, 최적화 전략은 일반적인 잠재능력을 활성화시키고 자신의 효율성을 유지하기 위하여 선택한 영역을 최대화시키는 능력이다. 노인들은 지각적 인지적 능력이 점점 쇠퇴하기 때문에 최적화과정은 모든 잠재능력을 발휘할 수 있을 정도로 수행수준이 최적화되는데 한계가 나타날 수 있다.

마지막으로 보완 책략은 생물학적, 사회적, 정서적, 인지적 기능을 상실한 오인소비자들이 문제해결을 해야 할 상황에서 효율성이 떨어질 때 특정 학습행동이나 다른 방법을 통하여 상실한 부분을 보충하는 전략이다. 등산, 운동경기, 운전할 때 경함할 수 있는 위험한 상황, 신속한 사고와 기억력이 요구되는 상황에서 이 전략을 많이 사용한다.

사회활동을 하고 있는 노인들을 대상으로 한 조윤주의 연구(2010)에 의하면, 노인들은 활동을 선택할 때 과거부터 해왔던 취미나 직업과 관련된 것으로 자신이 좀 더 잘 할 수 있는 것을 선택하는 것으로 나타났다.

선택을 한 이유는 ... 거기서 바둑도 있고, 뭐 동화도 있고, 인형극도 있고 여러 가지가 있더라구요. 그런데 한자는 제가 좀 어렸을 때부터 많이 읽었어요. 그래서 한자는 좀 많이 알고 있고 하기 때문에 한자가 좋더라구요. 그래서 해 봤어요(73세 대졸 남자).

이렇게 본인의 수준에 맞는 활동을 선택한 후에는 주변에서 미리 경험했던 사람들과 인간관계를 통하여 정보를 얻거나 지지를 받는 경우가 있었다. 또한 해설집과 같은 보충자료를 이용하는 경우도 있었다. 여성들은 주로 전자와 같이 사회적 관계를 많이 활용하고 남성들은 후자를 많이 이용하고 있었다.

동화책 선별은 내가 집에 손주가 여러 명이라 동화책이 너무 많은거라. 그래서 그 중에서 하나 선별해서 하기도 하고 아니면 내 친구가 몇 년동안 동화구연을 했어요. 상도 받고 그런데 서울에 안 살고 청주에 사는데... 내가 원래 고향이 청주니까 걔한테 조언을 많이 얻지... 뭐 강아지똥 그런 게 좋으면 그런 게 좋다 많이 조언을 받고. 그리고 걔는 정식으로 교육을 받아서 동화책에 나오는 오리면 오리를 자기가 직접 만든다고 하더라고. 만들어서 실제로 자기가 활용하고, 나는 그 단계는 아니고...(67세 고졸 여자).

최적의 효과를 내기 위하여 시간배분을 잘 하여 정보를 먼저 수집하거나 여가시간을 줄이고 가족과 함께 보내는 시간에 투자를 더 많이 하고 육체적인 피로를 줄이기 위하여 낮에 낮잠을 잠으로써 원활하게 생활을 영위하고 있었다. 노인들도 선택과 집중을 통하여 젊은 사람들 못지않게 성과를 낼 수 있다는 연구결과들도 있다(Lang, Rieckmann, Baltes, 2002; 조윤주, 2010).

제가 시간을 한가하게 다른 친구들처럼 등산이나 다니고 그러는 거 보다는 제 공부를 해야 한다는 거구요. 아무리 서너 살 먹은 애들한테 와서 하더라도 전통적인 걸 확실히 알고 해야지 어깨 너머로 배워 와서 대충 와서 시간만 때우면 안 되잖아요. 그래서 내 공부를 해야 하고 신문을 보든 잡지를 보든 예절, 혼인 등 나오면 번뜩 번득 관심을 갖고 자꾸 스크랩하고 메모하고 단어 하나라도 외우게 되고....(64세 대학원 졸 남자).

공인덕 연세대학교 운동의학센터 교수와 예병일 연세대학교 운동의학센터 교수(프레시안 2010년 7월 9일)는 2007년 미국스포츠의학회와 미국심장학회에서 공동으로 제공한 노인을 위한 수정된 신체 활동 권고 사항의 내용을 소개하였다.

유산소 운동의 경우 중간 강도로 일주일에 최소 5회 혹은 약간 고강도로 일주일에 최소 3회로 하는 것은 일반 성인의 경우와 같고, 운동의 강도는 자신의 능력에 맞추어서 실시하되 최소 50~60퍼센트, 최대 70~80퍼센트로 1회에 최소 10분 이상, 하루에 누적하여 30분 이상을 권고하고 있습니다.

근력 운동도 함께 강조되고 있는데 8~10 개의 운동을 번갈아 각 10~15회 가능한 운동으로 일주일에 최소 2회 이상 실시하고, 특히 1주일에 2회 이상의 유연성 운동(스트레칭)을 하는 것이 권고됩니다. 건강 증진 및 질병 예방을 위한 운동 지침은 아래와 같습니다.

① 우선 앉아있는 시간보다는 움직이는 시간을 늘리십시오.
② 중간 강도의 운동으로 시작하되 가급적 격렬한 운동은 피하십시오.
③ 운동량을 점차 계단식으로 증가시키십시오.
④ 반드시 근력 운동을 함께하여 근육 손실을 줄이고 이를 위해 가급적 다양한 형태의 운동을 하십시오.
⑤ 개인에 수준에 맞추어 운동하고, 또한 가능하다면 비슷한 수준의 다른 사람들과 어울려 할 수 있는 그룹 운동에 참여하십시오.
⑥ 만성 질환 혹은 질병 위험 인자를 개별적으로 관리하고, 손상에 대비하십시오.

### 2) 성공적인 노화의 조건

성공적인 노화를 위해서 필요한 조건으로는 건강과 경제적 노후준비 외에도 마음가짐과 양보심, 끊임없는 활동 등이 거론되고 있다. 즉 건강하고 경제적으로 여유가 있어서 타인에게 신세지지 않고 독자적으로 생활을 할 수 있어야 성공적인 노화가 달성되었다고 볼 수 있다. 이러한 기본적인 조건의 충족뿐 아니라 노인 스스로가 어떻게 지각하고 대처하는가가 성공적인 노화의 더 중요한 조건이 될 수 있다(조윤주, 2010).

그건 다각적으로 생각할 수 있을텐데. 제가 일생동안 자기가 걸어온 길이 자기가 지향하는 바대로 잘 이루어졌다면 그것이 성공적인 노화라고 생각하는 분도 있을테고. 보편적으로 성공적이라기보다는 노후에 어려움이 없는 환경이 성공적인 노화가 될 수 있지 않을까. 지금 와서 말이지 뭐 삶을 막 걱정하고 하는 그러한 환경이 제공되었다면 누구도 그것이 성공적인 노화라고 생각하긴 어려울 것 같아요. 편안하게 눈을 감을 수 있는 그런 노후 환경이 되었을 적에 그것이 성공적인 노후가 되지 않겠느냐... 경제적 노후 대비 물론 필요하죠. 무엇보다도 젊었을 적에 노후 대비가 상당히 필요하다고 생각해요. 지금 노인들이 여러 가지 어려움을 겪고 있는 분들이 많이 있는데, 지금 우리나라에서 비극적인 현상이라고 봐요. 일본이나 선진국에서는 과거에 국난이 없었기 때문에 국가적으로나 사회적으로 그러한 대비를 사실 제도적으로 많이 했어요. 그래서 국가적인 지원도 있고 그래서 지금 사실 노후의 삶이 우리나라에 비해서는 상당히 편안한 노후 생활이 이루어지고 있는데... 우리나라 사실 국가거적으로 볼 때 인제시대 겪었죠. 6.25 겪었죠. 얼마나 국난을 많이 겼었어요. 그러나 보니까 국가가 정신없이 당장 문제 해결이 문제니까 노후까지 대비할 시간이 없었다고요(75세 대졸 남자).

## 3. 100세 수명 시대

현재 영아 사망과 각종 유년기 사고사 등을 감안하여 추정한 한국인의 평균 수명은 약 80세다. 은퇴 관련 학자들은 한 해 사망자 중 가장 많은 수를 차지한 사망 당시 나이인 최빈(最頻)사망연령을 중시한다. 은퇴는 어릴 적 질병이나 사고를 피해간 보통 성인들의 문제이기 때문이다. 2011년 한국의 최빈 사망연령은 86세였다. 우리투자증권 100세시대연구소에 따르면 2년마다 1년씩 연장되고 있다. 이런 추세라면 이론적으로 1970년생 중에서는 116세에 사망할 사람이 가장 많다. 현재 장년층 상당수는 은퇴 후 문상을 갔을 때 고인의 나이가 100세 안팎일 가능성이 높다는 점에서 우리는 이미 '100세 시대'를 살고 있는 셈이다(이은우, 2012).

100세 시대가 오면서 고령사회에 대하여 근본적으로 패러다임을 전환할 필요가 제기되고 있다. <표 1-1>에 제시한 것처럼 노인에 대한 인식이 80세 시대는 보살핌의 대상, 사회적 부담 등 부정적인 인식이 강했다면 100세 시대의 경우 노인인 생산적 존재로 사회적 자원으로 인식되어야 한다. 장수의 의미도 오래 사는 것에서 잘 사는 것으로 전환되어야 할 것이다. 고령층에 대한 복지부담도 취업자에서 취업자와 은퇴자가 공동으로 부담하는 것으로 바뀌어야 하고, 수동적이고 국가 시혜적 복지에서 개인, 정부, 지역사회가 함께 부담하는 형태로 바뀌어야 한다. 30세 이전에 집중되었던 교육이 평생교육으로, 일자리도 세대 간 단절에서 공유로 바뀌고 정년제도 약화되어야 한다. 가족문화도 결혼과 가족의 개념이 약화되고 공동체가 강화되고, 세대구분이 없는 취향 중심의 문화로 바뀌고, 제조업이 쇠퇴하고 다양한 수요의 서비스업과 실버산업이 등장하고 생애주기별로 지원을 하는 금융이 등장할 것이다.

<표 1-1> 80세 시대와 100세 시대 비교

| 구 분 | | 80세 시대 | | 100세 시대 |
|---|---|---|---|---|
| 고령화 | 노인에 대한 인식 | 시혜적 복지의 대상, 사회적 부담, 부정적 인식 | ⇨ | 생산적 존재, 사회적 자원 |
| | 장수의 의미 | 오래 사는 것 (living longer) | | 잘 사는 것(living well) |
| 보건 복지 | 고령층 복지 부담 | 취업자 | ⇨ | 취업자와 은퇴자 공동 부담 |
| | 복지 형태 | 수동적, 국가 시혜적 | | 개인, 정부, 지역사회 결합 |
| | 노후대비 | 개인별 준비, 공적연금 보조 | | 공적연금, 개인연금, 퇴직연금 등 다양한 보장체제 구축 |
| 교육 고용 | 교육 수요 | 30대 이전까지 집중 | ⇨ | 전 세대에 걸친 교육수요 |
| | 교육 형태 | 교육, 경제활동, 여가의 직선형 패턴 | | 세대 내에서 교육, 경제활동, 여가의 순환형 패턴 |
| | 일자리 | 세대 간 단절 | | 세대 간 공유 |
| | 은퇴 | 정년제 | | 정년제 약화 |
| 가족 문화 | 가정 구성 | 부부 중심 개념 | ⇨ | 결혼, 가족 개념 약화. 1인 가구 또는 공동체 가정 |
| | 주거 | 노인 가구 고립 | | 자생적인 노인공동체 형성 |
| | 문화적 향유 | 세대별 문화 콘텐츠 | | 세대 구분이 없는 취향별 문화 콘텐츠 |
| 산업 금융 | 산업 | 대규모 제조업 중심수출 중심 | ⇨ | 제조업 쇠퇴, 다양한 수요의 서비스업 및 실버산업 등장 |
| | 금융 | 재산 증식의 수단 | | 생애주기별 지원 수단 |

출처: 이수영(2011)

### 1) 100세 시대의 정책방향

<그림 1-1>에는 100세 시대의 정책방향이 제시되어 있다. 건강하고 활력 있는 100세 사회의 목표는 건강한 삶, 안정된 삶, 일하는 삶, 풍요로운 삶으로 구성되어야 하고 이 모든 영영을 위한 가족문화정책이 수립되어야 한다. 건강한 삶과 안정된 삶은 보건복지정책을 통하여, 일하는 삶과 풍요로운 삶은 교육과 고용 정책을 통하여, 안정된 삶과 일하는 삶은 산업과 금융 정책을 통하여 이루어질

수 있다.

도시계획과 보건 등 다양한 분야를 아우르는 건강도시를 구현하고 다양한 계층을 고려한 여가시설과 공간을 확충해야 한다. 특히 건강증진과 휴양을 위한 도시 내 건강과 치유의 숲을 조성하고 수변지역을 활용한 건강촉진형 활동공간을 조성하고 건강과 참여를 위한 도시텃밭 만들기, 의료서비스중심 주택, 여가중심 주택 등 다양한 고령자 전용 주택을 확대 공급할 필요가 있다(최영국, 2011).

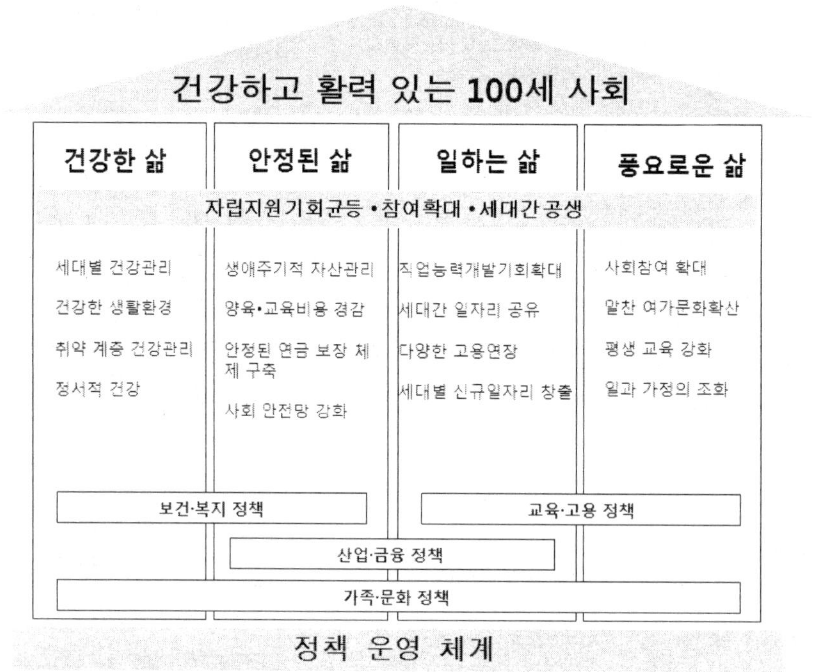


<그림 1-1> 100세 시대 정책운영 체계

출처: 이수영(2011)

농어촌 지역의 노인들의 안정된 노후생활을 유지시키기 위하여 국민연금과 농지연금 지원을 확대하고, 고령 농어업인의 건강한 삶을 위하여 맞춤형 진료제도와 홀몸 노인을 위한 영양개선 프로그램을 강화해야 한다. 특히 노인들의 일자리를 창출하기 위하여 농어촌 공동체 회사 또는 사회적 기업을 육성해야 한다(박대식, 2011).

100세 시대 여가문화 활성화를 위한 정책방향은 일과 삶의 균형, 생애주기별 여가경력관리 및 공동체 활동을 활성화시켜야 한다. 보다 상세하게 설명하면 생애주기별 여가교육, 맞춤형 여가프로그램 제공, 여가활동 전문가를 양성하고, 여가문화 인식과 환경을 조성해야 한다. 동아리활동과 자원봉사 등 커뮤니티를 활성화하고 지역통화제도를 활용한 여가활동의 교환, 세대 통합 프로그램 제공 등 여가경력을 통하여 재능을 활용하고 사회적 자본을 축적해야 한다. 문화예술 체험과 창작, 교육 및 복지 등의 다기능 복합시설, 세대별 통합 및 지역 여가문화 활동 거점이 될 수 있도록 기존의 공공시설을 재구성하고 통합해야 한다(윤소영, 2011).

100세 시대 가정정책은 일과 가정의 양립정책을 확대하고 가족관계 증진 프로그램과 노인돌봄정책, 노인이 배우자나 손자녀를 돌보는 것을 지원하는 다양한 정책을 개발해야 한다(최인희, 2011). 또한 100세 시대를 대비하기 위하여 사전 예방적 건강관리체계를 구축해야 한다. 구체적으로는 건강정보제공, 건강검진 사후관리 강화 및 수검 향상, 보건소 중심 통합건강관리체계 구축, 만성질환자 관리 프로그램 도입, 건강관리서비스, U-health 등이 이루어져야 한다(김남순, 2011).

노후설계를 체계적으로 함으로써 퇴직 후 사회참여 활동이 연속적으로 이루어질 수 있어야 하며, 작업장 연계, 지역사회 중심의 노후설계 시스템이 구성되어야 하며, 투잡을 통한 커리어도 개발되어야 한다. 또한 퇴직 후 제 2 커리어로 성공적으로 이행할 수 있도록 기업 지원을 제도화해야 할 것이다. 노동시장에서 직업연계 교육 뿐 아니라 사회공헌, 여가개발형 일자리 등 포괄적인 직업능력을 개발하기 위한 평생교육시스템이 개발되어야 한다. 성공적인 노화 마일리지 제도를 도입하고 노인문화 바우처를 확대하고, 노인기 1인 1여가를 활성화하기 위한 프로그램을 도입해야 한다(이소정, 2011).

100세 시대로 연착륙을 하기 위해서는 연금, 의료보험체계 등 복지후생 제도를 근본적으로 개선하는 동시에 우리나라 경제의 활력을 유지할 수 있도록 산업차원에서도 대응이 필요하다. 자기부담의 원칙에 입각한 헬스케어산업을 활성화함으로써 재정 부담을 줄일 수 있어야 한다. 제약, 의료기기, 의료서비스의 융복합 분야의 신기술을 개발하고 융복합에 적합한 인재를 양성해야 한다(장석인, 2011).

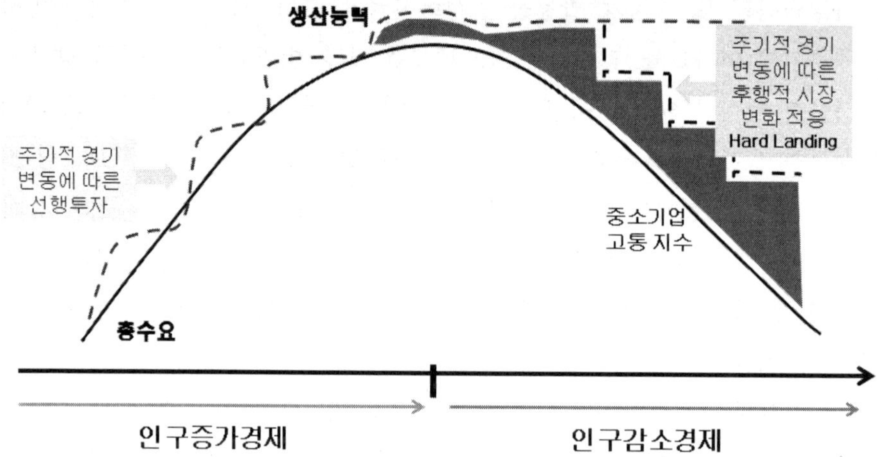


*주 : 松谷昭彦(2004) 연구를 참조해 연구자가 재구성함

출처: 홍길표(2011)

<그림 1-2> 인구증감에 따른 시장 수요구조의 변화

<그림 1-2>에 의하면 경제전반에서 시장 수요구조의 변화를 촉진하게 되는데, 이 과정에서 특히 중소기업이 주로 담당하고 있었던 전통적인 산업부문에서 수요 감소에 따라 구조조정의 압력을 받게 된다. 인구증감 경제에서는 총수요가 증가하기 때문에 주기적인 경기변동에 따라 생산능력이 증가하기 시작한다. 이렇게 증가한 생산능력은 인구감소 경제로 진입했음에도 불구하고 후행적으로 시장변화에 적응하게 됨에 따라 경착륙을 하게 되고 중소기업의 고통지수가 증가하게 된다. 100세 시대 복지는 중소, 벤처 기업계가 주축이 되어 생산적 복지시스템을 구축하고, 고령친화산업 육성방안에서 이들에 대한 지원을 확대해야 한다. 중고령 인력을 가장 많이 고용하고 있고 재고용을 가장 활발하게 추진할 수 있는 중소기업과 관련된 지원정책을 추진하여 고령자 스스로 자활할 수 있는 시스템을 구축해야 한다(홍길표, 2011).

100세 시대 준비는 출생기부터 사망 직전 세대까지 전 세대를 아우르는 종합적이고 체계적인 방향으로 구축되어야 한다. 자녀의 대학교 학자금 용도로 제한된 펀드에 대해서는 소득공제 등의 세제혜택을 부여하는 학자금 펀드를 도입해야 한다. 이는 조기은퇴 우려가구의 교육비 문제를 방지하고 노후생화의 부담을 완화하여 출산율 상승에도 기여할 수 있다. 또한 근로자가 퇴직연금을 추가로 납입하거나 연금 방식으로 지급받는 것에 대해서는 세제상 인센티브를 부여해야 한다(홍원구, 2011).

### 2) 100세 시대를 대비한 은퇴준비

서울대 노년· 은퇴설계 지원센터와 우리투자증권이 최근 전국 가구주 6,589명을 대상으로 100세 시대 준비지수를 조사했다. 평균으로 보면 기대수명 82세, 은퇴 후 매달 희망 소비액 245만원, 은퇴 후 예상 월소득 155만 원이었다. 지금 방식으로 은퇴를 준비하면 75세 때 무일푼이 된다는 계산이 나온다. 기대수명을 적용하면 은퇴 후 7년, 100세 시대를 고려하면 생애 마지막 25년 동안 생계가 막막하다. 이를 해결하려면 1970년생 기준으로 매달 108만원(기대수명 기준) 또는 235만 원(100세 기준)을 추가로 저축해야 한다. 은퇴 후 경제 문제는 결코 간단한 사안이 아니다(이은우, 2012).

현재 한국 노인들은 고령사회에 우리보다 먼저 진입한 선진국과 비교했을 때 특히 돈이 없다. 자식에게 모두를 다 주었기 때문이다. 특별히 지나친 사교육열풍과 호화결혼 등으로 부모의 등골이 휠 정도이다. 70대까지 자산이 커지는 미국은 물론 총 가계 자산의 60% 이상을 가지고 있는 일본 노인에 비하여 엄청 불쌍한 수준이다. 가계 자산 중 실물 자산이 76.8%로 금융 자산의 23.2%의 세배 이상이다. 연령이 높을수록 부동산 쏠림 현상은 더 심하다. 부동산가격이 하락하면서 자산 쏠림이 가지고 있는 문제는 더욱 심각해지고 있다.

금융 이론을 종합하면 고령 인구는 위험 자산보다 안전 자산을 좋아한다. 나이가 들수록 위험 회피적이기 때문이다. 연령별 포트폴리오를 보아도 연령과 안전 자산은 비례한다. 자산 시장에서는 위험 자산 보유 비중을 '100 - 나이' 셈법으로도 소개한다. 연령 변화에 따라 편입 비중을 바꾸는 라이프사이클 펀드도 연령 증가와 안전 선호가 대전제이다. 생애주기 자산배분(Lifetime Asset Allocation)에 따르면 노인은 고수익 고위험의 특성을 가지고 있는 주식을 싫어한다. 즉, 은퇴에 가까워질수록 주식을 줄이고 저축을 늘린다. 그러나 근로소득이 있는 현역 세대는 그 반대이다. 고령화와 자산 구성에 대한 역U자형 주식 수요를 연구한 결과도 있다. 젊었을 때에는 주식 비중이 낮다가 40대에 정점을 찍은 후 은퇴 시점에 다시 줄어든다는 실증 결과이다. 자산 시장 붕괴 가설(Asset Market Meltdown Hypothesis)도 비슷하다. 베이비부머 등의 은퇴 이후 이들의 자산을 흡수할 후속 세대의 경제력 저하로 위험자산 선호도가 떨어질 것이라는 이론이다.

위험 프리미엄 증가설도 있는데 역시 노인일수록 안전 자산을 챙긴다고 본다. 요컨대 '고령자 = 안전 자산' 등식은 확고했었다.

그런데 요즘은 고령자가 위험 자산을 선호하면서 기존 이론을 깨뜨린 사례가 증가하고 있다. 그동안 소수 반론에 그쳤던 '고령자=위험 자산' 등식에 힘이 실리기 시작했다. 고령자가 위험 자산을 선호하는 것이 이상하지 않다는 연구결과도 원래 있었다. 과거의 특정 경험이 노인이 되었어도 위험 자산을 선호하게 한다거나(Cohort Effect), 자녀에 대한 유산동기가 위험 자산을 늘리는 유인 요소가 된다는 가설이다. 보유한 금융 자산이 많을수록 주식 비중이 높다는 연구 결과도 있다. 손실을 받아들이는 심리적 방어 수준이 달라서다.

최근에는 장수 리스크가 위험 자산을 받아들이도록 했을 가능성이 제기되고 있다. 100세 시대인데 60대 때 소득이 중단되면 이후 40년간 생존할 방법이 없기 때문이다. 이때 기대수익을 높이기 위하여 불가피하게 위험자산을 적극적으로 편입한다는 것이다. 노인 인구에게 더 두려운 것은 손실 위험보다 장수 위험이기 때문이다.

연령대별 주식 보유 현황을 보면 노인의 주식 선호는 확실히 대세이다. 주식투자자 여섯 명 중 한 명이 노인이라는 말이 나돌 정도로 60세 이상 노인 주식투자가 급격하게 증가하고 있고, 노인 보유액이 시가총액의 33.7%를 차지해 55-59세의 14.8%, 50-54세의 14.7%보다 월등히 많다(한국거래소, 2010년). 특히 2009년의 24.6%보다 10%나 늘어났다. 연령별 1인당 평균 보유액도 60세 이상이 1억 2천 90만원으로 가장 많다. 현역 절정기인 40-44세의 4천 3백 80만원, 45-49세의 5천 3백 70만원의 두 배를 넘겼다(전영수, 2012).

최재원(2012)에 의하면 노인들이 위험자산에 투자하면서 노후준비가 자산관리시장의 핵심 '트렌드'로 자리 잡고 있다. 평균 수명이 점점 늘어나면서 이제 안정성이나 단기 고수익 등을 노리는 자산관리보다는 장기간 중위험・중수익을 추구하는 전략이 필요하기 때문이다. 주요 증권사들은 저마다 특화된 은퇴전문 자산관리 프로그램을 내놓고 있다. 올 들어 은퇴자산 관리의 불을 가장 먼저 댕긴 곳은 우리투자증권이다. 우리투자증권은 지난해 9월 '100세시대연구소'를 출범한 데 이어, 4월에는 업계 최초로 한국인의 '100세 시대 준비지수'를 연구해 발표했다. 조사 결과에 따르면 우리나라의 평균 연령 44세 직장인의 기대수명은 82세, 은퇴 이후 희망 소비금액은 월 245만원이다. 그러나 기대수명까지 준비된 월평균 은퇴 후 소득은 155만원으로 지출액 대비 63.2% 밖에 준비가 안 된 것으로 나타났다(서정희, 허은정, 2013).

# 제2장
# 고령친화 산업의 성장

고령화가 가속화되고, 노인소비자 시장이 부상하면서 경기도와 부산을 비롯한 지자체는 고령산업을 새로운 성장동력으로 설정하고 준비를 하고 있다. 부산시는 초고령 사회에 대비한 선제적 대응책의 하나로 '건강하고 활기찬 100세 행복도시 건설사업'을 추진하고 있다. 2013년에는 부산복지개발원과 연계해 부산지역 전체 인구의 16.4%를 차지하는 베이비붐 세대의 은퇴 지원 프로그램을 개발, 보급할 방침이다. 또 고령 친화도 평가를 바탕으로 노인 욕구에 근거한 고령친화도시 실행 전략을 수립하고, 노인의 사회 참여 확대를 위한 종합지원 체계도 구축한다. 지역 보건소, 복지관, 지역사회 서비스사업 등과 연계한 노인 인재풀을 구축하고 이와 관련한 연계사업을 개발할 계획이다. 이밖에 2013년에 123억 원의 예산을 들여 노인복지관, 경로당, 노인요양시설, 양로시설 등 노인복지시설을 확충하고 164억 원을 투입해 노인 돌봄, 치매노인보호 등 요보호 노인보호 사업에 나선다. 고령친화산업지원센터, 노인복지용구지원센터의 운용비를 지원하는 등 고령친화사업 수요 기반 확대 사업도 벌일 계획이다(연합뉴스 2013년 3월 7일).

## 1. 고령친화 산업 발달의 배경

### 1) 재가 복지 서비스의 증가

인구의 고령화 진전에 따라 재가 복지 서비스를 필요로 하는 고령자가 증가한다. 즉 경제적·신체적으로 독립된 독거노인과 수발이 필요한 고령자 등이 증가 추세이며, 연령이 증가함에 따라 일상생활에서 자녀를 비롯한 타인의 도움에 의한 지지가 더욱 필요하다. 특히 75세 이후의 고령 후기 노인의 경우 치매, 중풍, 관절염 등의 이환율이 증가 추세이며, 수발을 담당하는 신체·서비스 부양자의 과중한 부담이 문제점으로 나타난다. 그리고 급격한 산업화와 핵가족화 진전, 여성의 취업률 증가 및 사회진출 확대, 자녀수의 감소, 고령자 세대의 증가, 부양의식의 변화 등에 의해 가족의 노인부양기능이 약화되었다. 이에 따라 다양한 재가 복지서비스에 대한 수요가 증대될 것이다. 또한 보건·의료·복지의 연계강화, 사회보장의 효율화 보장 등으로 재가복지서비스의 수요가 증대될 것이다. 재가 복지 서비스는 사적인 재정의 성격이 강하기 때문에 서비스의 증대는 고령친화 산업의 확대를 유발하게 될 것이다. 따라서 가족의 노인부양부담을 줄이고 효율적으로 부양할 수 있도록 정책적 지원과 직·간접적인 신체 서비스지원 등 부양자들을 위한 고령친화산업의 개발과 지원이 필요할 것이다.

### 2) 보건, 의료, 복지의 연계 심화

인구의 고령화와 평균수명의 연장이 진전됨에 따라 만성질환의 비중이 커지고 고령층 수발의 필요성도 증대되므로 보건·의료·복지의 연계 활성화가 매우 필요하다. 이러한 연계가 대두되고 있는 배경은 다음과 같다. 첫째, 보건·의료·복지라는 세 가지 서비스가 기본적으로 유사한 성격의 서비스이며, 사적재정의 특성이 강하고, 공공단체가 관여하고 있으며 생산 활동면에서 민간 의존도가 높은 공통적 기반을 갖는다. 특히 고령층의 보건·의료·복지 상호간에는 긴밀한 연계 관계가 있다. 둘째, 의학의 진보, 식생활의 서구화, 스트레스의 증가 등으로 급성질환이 감소하고 만성질환이 증대되고 있다. 만성질환의 경우 수발, 간호 등의 비중이 높고 보건에 의한 예방의 필요성도 증대되므로 보건·의료·복지의 연계가 강하게 나타나게 된다. 셋째, 기존의 제도로는 공적 부담의 증가로 인해 향후의 고령화 사회에 적절히 대응할 수 없다. 따라서 보건·의료·복지의 연계와 종합화를 통해 고령사회에 대응하고 사회보장의 효율화를 추구할 필요성이 증대되고 있다.

한국보건산업진흥원은 2012년에 '고령친화산업 실태조사 및 산업분석' 보고서를 통해 2020년 고령친화산업 시장규모가 2010년보다 4배 이상 급성장하고 특히 금융, 화장품, 의약품 등의 산업 성장이 두드러질 것이라고 밝혔다. 진흥원은 2010년 기준 33조원이던 고령친화산업 시장규모가 2020년 125조원까지 성장할 것으로 내다봤다. 성장이 가장 두드러질 것으로 예상되는 산업은 금융산업으로 2010년 10조6000억원에서 2020년 61조원으로 5.8배까지 시장규모가 확대될 것으로 전망됐다.

이어 화장품 산업이 5000억원에서 2억6000억원으로 5.1배, 요양 산업이 2조6000억원에서 12조5000억원으로 4.9배, 의약품 산업이 3조에서 10조8000억원으로 3.6배 증가할 것으로 진흥원은 파악했다. 특히 요양, 의약품 등 보건산업은 고령친화산업을 주도할 핵심사업으로 꼽혔다. 품목별로는 의료용 조합자극기, 개인건강·의료용품, 요양산업에 방문요양서비스, 개인연금 등이 고령친화산업 성장을 주도할 35개 전략품목으로 뽑혀 눈길을 끌었다. 의약품 중엔 종양치료제, 치매용제, 해열진통소염제, 알츠하이머용제, 고혈압용제, 당뇨병치료제 등이 고령화가 진행하면서 시장규모가 확대될 품목에 선정됐다. 2009년 기준 이들 전략품목 의약품의 시장규모는 1조1072억 원이다. 이는 전체 고령친화 의약품 산업 시장규모의 41.2%를 차지하는 수치이다(머니투데이 2112년 1월 31일).

### 3) 경쟁력 있는 노인층 형성과 노인욕구의 다양화

경제 여건의 변화에 따라 국민소득의 향상과 각종 연금제도 등의 확대로 정년퇴직 후에도 고정적인 수입원을 갖는 고령자가 증가하고 있다. 1988년에 시행된 국민연금은 2003년 이후 60세 이상의 노인에게 상당한 수준의 노후보장의 역할을 하고 있다. 또한 1994년 6월에 시행된 개인연금신탁계정을 비롯한 각종 보험 등을 실버금융상품으로 활용할 수 있다. 그리고 퇴직 후의 노후생활 자금 설계에 대한 일반인의 인식이 높아졌기 때문에 노후의 경제적 자립과 함께 구매력을 보유하고 있는 비율은 향후 더욱 증가될 추세이다. 고령화 사회, 토요휴무제 및 자유 시간의 증대에 의한 여가사회로의 진전에 따라 건강, 레저·스포츠, 삶의 즐거움은 21세기의 우리나라 사람들의 라이프 스타일의 핵심이 되고 있다. 즉 경제·사회의 발전과 환경변화에 따라 소득 증대와 노동시간 단축

등과 함께 레저·스포츠 활동을 통해 새로운 활력을 얻는다는 인식이 점차 보편화되고 있다. 또한 최근 건강의 개념이 질병의 치료 중심에서 예방차원의 질병관리에 대한 관심의 고조 등으로 건강보조식품 및 각종 의료기기의 사용에 대한 요구도도 매우 높아지고 있다. 이와 같이 노인의 경제적 욕구, 스트레스 해소 욕구, 사회 심리적 욕구 등 노인 욕구가 다양화 되고 있으며, 이것을 충족시켜 총제적인 삶의 질을 제고 시킬 수 있다.

## 2. 고령친화 산업의 수요와 분류

고령친화 산업의 수요계층은 현재의 주 수요자인 고령자(65세 이상)뿐만 아니라 수발자와 장래 수요자인 베이비붐세대(1953~1965년생)를 포함한다. <표 2-1>에는 고령친화산업의 수요가 제시되어 있다. 2010년에는 장래노인 1,300만명, 건강노인 110만명, 장기요양 필요 노인 420만명을 포함하여 1,872만명이고, 2020년에는 장래노인 1,600만명, 건강노인 150만명, 장기요양 필요 노인 610만명을 포함하여 2,421만명으로 추계되었다.

<표 2-1> 고령친화산업의 수요

단위: 만명

| | 2010년 | 2020년 |
|---|---|---|
| 장래노인 | 1,300 | 1,600 |
| 건강노인 | 110 | 150 |
| 장기요양 필요 노인 | 420 | 610 |
| 수발자 | 42 | 61 |
| 합 계 | 1,872 | 2,421 |

출처: 고령화미래산업위원회(2005)

<표 2-2>에는 고령자를 건강한 고령자와 허약자 및 간호자로 구분하여 맞춤형 제품을 개발하고 서비스를 제공하기 위한 내용이 제시되어 있다. 건강한 고령자의 경우에는 고령친화 기능을 부가한 노인용 가전제품, 자동차, 주택, 건강보조식품, 원격 헬스케어 제품을 개발해야 하고, 자산운영, 여행·레저, 노인대

학, 실버타운, 정보·콘텐츠 등과 같은 발전 가능성이 높은 아이디어 사업군을 고려할 수 있다. 허약자와 간호자를 위해서는 휠체어, 보청기, 요양시설, 각종 질병 측정기구 등과 같이 전문화가 필요한 고기능 제품과 방문요양, 재택·시설 요양, 홈헬퍼 및 배달 서비스 등과 같은 복지정책의 영향을 받는 서비스 산업이 고려될 수 있다.

<표 2-2> 고령자 특성에 따른 맞춤형 제품과 서비스

| 구 분 | 건강한 고령자 | 허약자 및 간호자 |
|---|---|---|
| 서비스 | • 발전가능성 큰 Idea 사업군<br>- 자산운영, 여행.레저, 노인대학, 실버타운, 정보.콘텐츠 | • 복지정책 영향 받는 사업군<br>- 방문요양, 재택.시설 요양, 홈헬퍼 및 배달 서비스 |
| 제 품 | • 고령친화 기능을 부가<br>- 노인용 가전제품, 자동차, 주택, 건강보조식품, 원격 헬스케어 | • 전문화가 필요한 고기능 제품<br>- 휠체어, 보청기, 요양시설, 각종 질병 측정기구 |

출처: 고령화미래산업위원회(2005)

## 3. 고령친화 산업의 분류

<표 2-3> 고령친화산업의 분류

| 구 분 | 18개 전략품목 |
|---|---|
| 요양산업 | 재가요양서비스 |
| 기기산업 | 재택/원격진단/진료 및 휴대형 다기능 건강정보시스템, 한방의료기기, 간호지원 및 실내외이동지원시스템 |
| 정보산업 | 홈케어, 정보통신보조기기, 노인용컨텐츠개발 |
| 여가산업 | 고령친화휴양단지 |
| 금융산업 | 역모기지제도, 자산관리서비스 |
| 주택산업 | 고령자용주택개조, 실비고령자용임대주택 |
| 한방산업 | 한방보건관광, 항노화한방기능성식품, 노인용한방화장품, 노인성질환, 한약제제개발 |
| 농 업 | 고령친화귀농교육, 전원형고령친화농업테마타운, 은퇴농장 |

<표 2-3>에 나와 있는 것처럼 고령친화 산업은 요양, 기기, 정보, 여가, 금융, 주택, 한방, 농업 등의 8대 산업으로 구분될 수 있다. 요양산업에는 재가요양서비스가, 기기산업에는 재택·원격진단·진료 및 휴대형 다기능 건강정보시스템, 한방의료기기, 간호지원 및 실내외이동지원시스템 등과 같은 전략품목이 포함되었다. 정보산업에는 홈케어, 정보통신보조기기, 노인용컨텐츠 개발 등이, 여가산업에는 고령친화휴양단지가, 금융산업에는 역모기지제도와 자산관리서비스가, 주택산업에는 고령자용주택개조와 실비고령자용임대주택이 포함되었다. 한방산업에는 한방보건관광, 항노화한방기능성식품, 노인용한방화장품, 노인성질환, 한약제개발 등이, 농업에는 고령친화귀농교육, 전원형 고령친화농업 테마타운, 은퇴농장 등이 포함되어 있다.

집 한 채로 평생 동안 연금을 받을 수 있는 주택연금은 향후 노인 가구의 노후 소득 불안정 및 생활 자금 부족을 예상하여 주택금융공사가 2007년 7월 출시한 공적 보증 역모기지 제도이다. 공사에 따르면 2012년 들어 12월27일까지 주택연금에 총 5,004명이 신규로 가입하여, 신규가입자 수가 2011년(2,936명) 대비 70% 증가하였고, 이에 따라 보증공급액도 2011년도(4조1,000억 원)에 비하여 68% 증가한 6조 8,876억 원에 달하였다.

주택금융공사 관계자는 이러한 가입자 급증은 "자녀에게 의존하지 않고 소유주택을 활용하여 스스로 노후를 해결하려는 인식의 확산과 함께, 주택연금 일시인출한도 확대(2012년 7월2일), 전후 후박형 신상품 출시(2012년 7월31일) 등의 주택연금 제도개선을 통해 고객의 선택폭을 넓힌데 기인한 것으로 보인다" 고 말했다. 올 11월말 현재 주택연금 가입자 평균연령은 72.5세로 평균 2억 8,000만원의 주택을 활용해 매월 103만원을 받고 있으며, 주택연금에 활용하는 주택은 아파트가 83.6%로 가장 많았다. 또한 가입한 주택의 면적은 국민주택규모(85㎡) 이하가 77.6%를 차지하여 서민들의 노후대비책으로 활용되고 있다(이코노믹리뷰 2012년 12월 29일).

2011년부터 한국농어촌공사는 농지 이외에 별도의 소득원이 부족하고, 영농규모도 작아 노후생활에 많은 어려움을 겪고 있는 농촌의 고령 농업인을 위한 연금제도로 65세 이상 고령농업인부부에게 사망 시까지 매월 연금을 지급하는 농지연금제도를 시행하고 있다. 농지연금제도는 지난 2007년 한미FTA 농업분야 보완대책으로 농촌연금제도 도입 타당성을 검토, 농업의 경쟁력 강화방안의 일환으로 마련된 제도로 고령농가가 소유하고 있는 농지를 농지은행에 담보로 제공하고, 해당 농지에 계속 영농을 하면서 평생 동안 매월(15일) 일정 금액을 연금으로 수급자 통장으로 지급받는 일종의 역모기지제도다.

농지연금에 가입하고자 하는 농업인의 자격요건은 부부 모두 만 65세 이상이어야 하고, 영농경력 5년 이상의 농업인으로서 소유하고 있는 농지의 총 면적이 3만㎡(9천 평) 이하이어야 한다. 농지연금 지원대상자로 결정된 농업인은 농지은행에 농지를 담보로 제공하고 농지은행과 농지연금 지원약정을 체결하게 되면, 농지은행은 해당 농지에 저당권을 설정하고 약정을 체결한 농업인에게 농지연금을 최고 한도 매월 3백만 원까지 지급하게 된다.

농지연금 지원 및 사후관리는 농업인이 농어촌공사에 농지연금 지원 신청을 하면 심사를 거쳐 지원대상자 결정, 담보농지 제공 관련 약정을 체결한 뒤 저당권 설정이 완료되면 농지연금을 지급 하게 된다. 연금 지급 방식은 생존하는 동안 매월 지급하는 종신형과 일정기간 매월 지급하는 기간형(5년, 10년, 15년) 중 선택할 수 있다. 종신형으로 가입 할 경우 부부 중 한명이라도 생존해 있으면 계속 지급하는 것이 특징이다(경기일보 2012년 12월 31일).

2012년 7월 법인을 설립해 보건복지부 고령자 친화기업 공모사업에 채택되어 전북 전주시 효자동에 노인 16명을 뽑아 12월에 노인들의 지속적인 일자리를 창출하기 위하여 고령자 친화기업 '천년누리'가 설립되었다. 이곳에서 일하고 있는 노인들은 집에서 혼자 있으면 벽만 쳐다보고 우울증에 빠질 텐데, 여기서 함께 일하니까 젊어지는 것 같다고 좋아한다고 한다. 노인들은 주 5일 동안 매일 오전 9시부터 오후 3시까지 6시간가량 일한다. 이곳에서 하는 사업은 전주빵과 한옥 모양의 비빔빵 생산, 한옥 민박 제공, 전통주 생산 등이다. 웰빙식 빵인 한옥 모양의 비빔빵은 하나만 먹어도 비빔밥을 먹는 것과 같은 영양 효과가 나도록 해 전주의 대표 브랜드로 만들겠다는 계획을 세우고 있다. 가족 단위로 묵을 수 있도록 방 3개를 갖춘 한옥을 체험하는 민박장소는 전주 한옥마을에 있다. 전주시가 한옥을 5년간 무상으로 임대해줬다. 한옥마을에 양조장을 지어서 전통주도 생산하여 판매하고, 막걸리도 고급화해 팔기로 했다(한겨레신문 2013년 2월 24일).

## 4. 고령친화산업 진흥법

### 1) 고령친화산업 진흥법의 목적

이 법은 고령친화산업을 지원·육성하고 그 발전 기반을 조성함으로써 노인의 삶의 질 향상과 국민경제의 건전한 발전에 이바지함을 목적으로 한다. 이 법에서는 고령친화제품을 노인을 주요 수요자로 하는 제품 또는 서비스로서 다음과 같은 항목의 어느 하나에 해당하는 것을 말한다.

- ㅁ 노인이 주로 사용하거나 착용하는 용구 · 용품 또는 의료기기
- ㅁ 노인이 주로 거주 또는 이용하는 주택 그 밖의 시설
- ㅁ 노인요양 서비스
- ㅁ 노인을 위한 금융·자산관리 서비스
- ㅁ 노인을 위한 정보기기 및 서비스
- ㅁ 노인을 위한 여가 · 관광 · 문화 또는 건강지원서비스
- ㅁ 노인에게 적합한 농업용품 또는 영농지원서비스
- ㅁ 그 밖에 노인을 대상으로 개발되는 제품 또는 서비스로서 대통령령이 정하는 것
  - ① 노인을 위한 의약품 · 화장품
  - ② 노인의 이동에 적합한 교통수단 · 교통시설 및 그 서비스
  - ③ 노인을 위한 건강기능식품 및 급식 서비스

### 2) 고령친화산업 발전계획

중앙행정기관의 장은 「저출산 · 고령사회기본법」 제20조 및 제21조의 규정에 따라 저출산 · 고령사회기본계획 및 연도별 시행계획을 수립·시행함에 있어서 고령친화산업의 발전에 관한 계획이 포함되도록 하여야 한다. 고령친화산업발전계획에는 다음 사항이 포함되어야 한다.

- ▫ 고령친화산업발전계획의 기본 방향
- ▫ 고령친화산업의 분야별 발전시책
- ▫ 고령친화산업의 기반조성
- ▫ 고령친화산업의 발전을 위한 재원 확보 및 배분
- ▫ 고령친화산업과 관련된 중앙행정기관의 역할분담
- ▫ 그 밖에 고령친화산업의 발전을 위하여 필요한 사항

### 3) 소비자의 권익보호

국가 및 지방자치단체는 고령친화산업의 활성화를 도모함에 있어 고령친화제품 등의 소비자의 권익보호를 위하여 다음과 같은 시책을 강구하여야 한다.

- ▫ 고령친화제품등의 건전한 이용을 위한 홍보·교육 및 연구
- ▫ 소비자의 건전한 조직 활동의 지원 및 육성
- ▫ 소비자의 생명·신체 및 재산상의 위해방지
- ▫ 소비자의 불만 및 피해에 대한 신속·공정한 구제조치
- ▫ 그 밖에 고령친화제품등의 소비자보호와 관련된 사항

### 4) 고령친화산업의 기반조성

#### (1) 전문인력 양성

국가 및 지방자치단체는 제1 항의 규정에 따른 전문인력을 양성하기 위하여 대학, 고령친화산업에 관한 연구·활동 등을 목적으로 설립된 연구소·기관 또는 고령친화관련기관을 전문인력 양성기관으로 지정하여 필요한 교육 및 훈련을 실시하게 할 수 있다.

#### (2) 고령친화산업 연구개발 장려

국가 및 지방자치단체는 고령친화산업과 관련된 기술의 개발 및 서비스의 개선을 위하여 연구개발을 장려하고 고령친화산업의 국제경쟁력을 강화하기 위

한 지원시책을 강구하여야 한다. 또한 국가 및 지방자치단체는 고령친화제품 등의 개발을 효과적으로 수행하기 위하여 학계 · 연구기관 및 산업계간의 협동 연구를 촉진하여야 한다.

경성대학교 고령친화 이지라이프 RIS 사업단은 제 5회 고령친화용품 및 IT융합 전동복지기기 창작 아이디어전 시상식을 2013년 초에 개최했다. 올해로 5회째를 맞는 고령친화용품 아이디어전 대상(지식경제부장관상)에 'S-System'이라는 이름의 고령자와 그 보호자를 위한 위치 정보 제공 스마트폰용 앱을 출품한 경성대 컴퓨터공학과 조성현(한국해양대 박은성·부경대 오세빈)팀이 선정됐다. 이 작품은 스마트폰을 다루기 힘든 고령자를 위하여 모든 데이터를 음성으로 인식·처리함으로써 사용법이 간단하고 쉬우며, 노인 및 보호대상자의 상태를 보호자가 실시간으로 모니터링 할 수 있다는 장점으로 대상에 선정되었다.

또 최우수상(경성대 총장상, 부산광역시장상, 울산광역시장상, 경상남도지사상)에는 '빨래 털어주는 건조대'의 메카트로닉스공학과 김경록 (외 3명)팀, '고령자를 위한 약 복용 알람기능 텀블러'의 제품디자인학과 권근희 (외 1명)팀, '편마비 장애 어르신을 위한 고령친화 팔걸이'의 인제대 부산백병원 박주환, 'Keyboard & Mouse Design'의 제품디자인학과 이진주씨가 수상하였다.

이밖에 우수상(경성대 산학협력단장상, ㈔한국지역특화산업협회장상, (재)부산테크노파크 원장상)에는 'The Real(고령자용 지팡이)'의 제품디자인학과 전진욱, '흡착형 샤워기'의 제품디자인학과 최준혁 (외 4명)팀, 'Sit-to-stand 보조기'의 물리치료학과 이종현(외 6명)팀이 선정됐다(부산일보, 2013년 1월 14일).

### 5) 고령친화산업 표준화

중앙행정기관의 장은 제품 등의 품질향상과 호환성 확보 등을 위하여 다음과 같은 표준화사업을 추진할 수 있고, 효율적으로 추진하기 위하여 대통령령이 정하는 고령친화관련기관으로 하여금 이를 대행하게 할 수 있다.

- ㅁ 고령친화제품등의 표준의 제정 · 개정 · 폐지 및 보급
- ㅁ 고령친화산업과 관련된 국내외 표준의 조사·연구 및 개발

▫ 그 밖에 고령친화산업의 표준화에 필요한 사업

#### 6) 국제협력 및 해외시장진출 촉진

국가 및 지방자치단체는 고령친화산업에 관한 국제적 동향을 파악하고 국제협력을 촉진하고 이를 위하여 고령친화산업과 관련된 기술과 인력의 국제교류와 국제표준화 및 국제공동연구개발 등의 사업을 할 수 있다.

#### 7) 고령친화산업 지원센터

관계중앙행정기관의 장은 고령친화산업의 효율적인 지원을 위하여 고령친화산업지원센터를 설립하거나 고령친화산업 관련 지원사업을 하는 연구기관·단체 또는 법인을 지원센터로 지정할 수 있다. 지원센터는 다음 각 호의 업무를 수행한다.

▫ 고령친화산업의 발전을 위한 제도의 조사 · 연구
▫ 고령친화산업의 발전에 필요한 기술 및 표준화 연구
▫ 고령친화산업의 활성화를 위한 지원시설의 설치 등 기반조성에 관한 사업
▫ 고령친화산업과 관련된 전문인력의 양성 및 지원에 관한 사업
▫ 고령친화산업의 창업 및 경영지원, 정보의 수집 · 공유 · 활용에 관한 사업
▫ 고령친화산업 발전을 위한 유통활성화와 국제협력 및 해외진출 지원
▫ 고령친화사업자에 대한 지원
▫ 제 12조 제 3항의 규정에 따른 우수제품 · 우수사업자 지정 업무
▫ 그 밖에 고령친화산업의 발전에 필요한 사업

#### 8) 고령친화제품의 품질 향상

관계중앙행정기관의 장은 품질 등이 우수한 고령친화제품 등을 고령친화우수제품으로, 서비스의 질이 우수한 고령친화사업자를 고령친화우수사업자로 각

각 지정할 수 있다. 지정받은 우수제품 또는 우수사업자에 대하여는 우수제품 또는 우수사업자로 지정되었음을 나타내는 표시를 사용할 수 있다.

지정된 우수제품이라도 거짓 또는 부정한 방법으로 우수제품 또는 우수사업자로 지정받은 경우와 지정기준을 위반한 경우에는 우수사업자의 지정을 취소할 수 있다. 관계중앙행정기관의 장은 지정취소를 한 경우에는 그 사실을 관련된 중앙행정기관의 장 및 지방자치단체의 장에게 통보하여야 한다. 우수제품 또는 우수사업자로 지정받지 않았거나 지정이 취소된 경우에는 우수제품 또는 우수사업자로 지정되었음을 나타내는 표시를 사용하여서는 안 된다.

### 9) 우수사업자에 대한 지원

국가 및 지방자치단체는 우수제품을 제조하는 자 및 우수사업자를 지원하기 위하여 다음 과 같은 사업을 할 수 있다. 국가 및 지방자치단체는 지원을 받은 우수제품을 제조하는 자 및 우수사업자가 지정이 취소된 경우에는 그 지원 상당액을 환수하여야 한다.

- 기술개발 자금 및 시제품 상용화의 지원
- 기술지도 및 관계 법령에 따라 품질인증의 획득지원
- 연구시설 및 장비의 이용지원
- 그 밖에 고령친화산업의 육성을 위하여 필요한 지원

## 5. 울산광역시 고령친화사업 육성을 위한 중장기 플랜

### 1) 사업의 필요성

울산은 현재 전국에서 노인인구가 가장 적은 젊은 도시로서의 인구학적 특징을 지니고 있으나, 2020년 이후에는 고령사회로 진입할 것으로 추정되고 있다. 급격한 저출산 고령화 현상은 지역의 성장잠재력을 둔화시키는 요인으로 작용하고 있다. 생산가능인구의 감소와 산업인력의 고령화로 사회경제의 불안정성이 증대되고 있는 실정이다. 이와는 달리 국민소득의 향상과 각종 연금제도 등의 확대로 고정 수입원을 갖는 고령자가 증가하고 있어, 경세력과 시간적 여유를 확보하고 있는 고령층을 대상으로 한 고령친화산업이 새로운 성장동력이 될 가능성을 지니게 되었다. 고령친화산업은 공익성과 수익성이 결합된 산업이므로 복지와 산업이 결합된 정책이 개발되어야 할 필요성도 증대되어 지역경쟁력을 높일 수 있는 기회요인으로 작용하고 있기 때문이다.

### 2) 사업의 주요내용

1단계는 2007년부터 2010년에 노인복지사업을 확충하는 동시에 실버산업을 육성하는 실버플랜과 구체적 실행계획 작성하고, 2단계는 2011년부터 2016년 사이에 고령친화제품 종합체험관을 설치하여 운영한다. 고령친화산업을 지역의 미래 성장동력으로 집중적으로 육성하기 위하여 시장수요를 고려한 실버마케팅 분석과 기술개발 과제를 발굴하고 로드맵을 작성하기로 되어 있다. 고령친화산업을 차세대 동력으로 투자함으로써 지역경쟁력을 강화하는 동시에 노인복지사업을 확충함으로써 노인의 삶의 질이 향상되는 것을 목표로 하고 있다.

제 2부

# 울산광역시 노인소비자의 웰빙 실태

이 부에서는 울산광역시에 거주하고 있는 노인소비자를 대상으로 조사한 자료를 이용하여 웰빙 실태를 알아보았다. 4장은 서정희가 한국생활과학회지 20권 2호에 발표한 논문인 '노인소비자의 구매문제 인식유형과 관련변수'를, 5장은 서정희, 허은정, 복미정, 강한나 등이 울산대학교 생활과학논문집 8권 2호에 발표한 '울산광역시 고령자의 취업요구 실태와 취업서비스 기관의 현황'과 서정희, 허은정이 한국생활과학회지 17권 5호에 발표한 '울산 거주 노인의 취업유무와 가계경제생활'을 활용하여 작성하였다. 6장은 서정희, 허은정이 소비자정책교육연구 7권 1호에 발표한 '노인복지시설에 대한 노인소비자의 요구도와 이용의도'를 기본으로 하였고, 7장은 서정희, 안혜경, 허은정, 김해림, 복미정, 강한나가 Journal Of The Korean Data Analysis Society 9권 3호에 발표한 'Health supplement food consumption pattern of the elderly'를 번역한 것을 인용하여 저술하였다. 마지막으로 8장은 서정희가 울산대학교 생활과학논문집 11권 1, 2호에 발표한 '노인소비자의 가정생활만족'을 인용하여 작성하였다.

## 1. 연구방법

이 연구는 예비조사와 본조사의 과정을 통하여 이루어졌다. 예비조사는 울산광역시에 거주하고 있는 55~69세 사이의 잠재노인 8명과 노인 2명을 대상으로 하여 2주간에 걸쳐 반구조화된 질문지를 가지고 1 : 1 심층면접을 하였다. 또한 울산광역시 중구 유곡노인정을 방문하여 70-80대 사이의 노인 8명을 대상으로 하여 승낙을 구한 뒤 2시간에 걸쳐 자유로운 분위기 속에서 FGI(Focus Group Interview)를 실시하였다.

심층면접과 FGI의 결과를 바탕으로 하여 본조사의 질문지 내용을 구성하였으며, 소비자학을 전공하고 있는 교수 2인과 석박사 과정의 대학원생 3명이 모여서 내용타당도를 검증하였다. 본 조사는 55-89세 사이의 잠재노인과 현재 노인 500명을 대상으로 하여 울산광역시 5개구에 각각 100명씩 표집 인원을 강제

할당을 시킨 후 단순무작위 표집방법을 이용하여 표본을 추출하였다. 조사원은 울산광역시에서 인구통계조사를 비롯하여 각종 조사를 전문적으로 수행하는 전문조사원을 이용하였다.

## 2. 조사대상자의 특성

<표 2부 - 1> 조사대상자의 인구통계학적 특성

| 분 류 | | N | % | 분 류 | | N | % |
|---|---|---|---|---|---|---|---|
| 연령 | 55세~59세 | 79 | 15.8 | 현재 동거 가족수 (본인 포함) | 1명 | 78 | 15.6 |
| | 60대 | 219 | 43.9 | | 2명 | 199 | 39.8 |
| | 70대 | 181 | 36.3 | | 3명 | 80 | 16.0 |
| | 80대 | 20 | 4.0 | | 4명 | 40 | 8.0 |
| | 계 | 499 | 100.0 | | 5명 | 73 | 14.6 |
| 성별 | 남성 | 227 | 45.4 | | 6명 이상 | 30 | 6.0 |
| | 여성 | 273 | 54.6 | | 계 | 500 | 100.0 |
| | 계 | 500 | 100.0 | 자녀수 | 0명 | 11 | 2.2 |
| 교육 수준 | 무학 | 100 | 20.0 | | 2명이하 | 119 | 23.8 |
| | 초졸 | 155 | 31.0 | | 3명 | 129 | 25.8 |
| | 중졸 | 132 | 26.4 | | 4명 | 119 | 23.8 |
| | 고졸 | 98 | 19.6 | | 5명 | 65 | 13.0 |
| | 전문대졸 | 2 | 0.4 | | 6명 | 47 | 9.4 |
| | 대졸이상 | 13 | 2.6 | | 7명이상 | 10 | 2.0 |
| | 계 | 500 | 100.0 | | 계 | 500 | 100.0 |
| 종교 | 없다 | 148 | 29.7 | 세대 구성 | 조부모+본인세대+자녀 | 5 | 1.0 |
| | 불교 | 276 | 55.3 | | 본인세대+자녀 | 186 | 37.2 |
| | 기독교 | 51 | 10.2 | | 부부만 | 187 | 37.4 |
| | 천주교 | 22 | 4.4 | | 혼자 | 71 | 14.2 |
| | 기타 | 2 | 0.4 | | 부모세대+본인세대 | 12 | 2.4 |
| | 계 | 499 | 100.0 | | 본인세대+자녀+손주 | 38 | 7.6 |
| 결혼 여부 | 기혼 | 497 | 99.6 | | 본인세대+손주 | 1 | 0.2 |
| | 미혼 | 2 | 0.4 | | 계 | 500 | 100.0 |
| | 계 | 499 | 100.0 | 주택 소유 형태 | 자가 | 432 | 86.6 |
| 현재 배우자 여부 | 있다 | 315 | 64.3 | | 전세 | 29 | 5.8 |
| | 사별 | 162 | 33.1 | | 월세 | 9 | 1.8 |
| | 이혼 | 13 | 2.7 | | 전세/월세 | 10 | 2.0 |
| | 계 | 490 | 100.0 | | 영구임대 | 19 | 3.8 |
| | | | | | 계 | 499 | 100.0 |

* 무응답은 결측치로 처리하였으므로 계가 차이가 남.

<표 2부-1>에는 조사대상자의 인구통계학적 특성이 제시되어 있다. 연령은 60대가 43.9%, 70대가 36.3%로 60대와 70대의 노인이 전체의 2/3를 넘게 표집되었고, 성별은 여자노인이 54.6%로 여자노인이 약간 더 많이 표집되었다. 교육수준은 초등학교 졸업이 31.0%로 가장 높게 나타났고, 중학교 졸업이 26.4%, 무학이 20.0%의 순으로 나타났다. 배우자가 있는 경우가 64.3%, 본인을 포함한 동거하고 있는 가족수는 2명이 39.8%로 가장 많았으며, 다음은 3명으로 16.0%, 독거노인도 15.6%나 되었다. 자녀수는 3명이 25.8%로 가장 많았고, 2명 이하와 4명이 각각 23.8%였다.

99.6%가 결혼을 했으나, 64.3%만이 현재 배우자가 있었고, 2.7%는 이혼을 하였다. 세대구성을 보면 부부만 사는 경우가 37.4%, 본인세대와 자녀가 함께 거주하는 경우가 37.2%로 가장 많았고, 혼자 사는 경우도 14.2%나 되었다. 주택소유형태는 자가가 86.6%로 아주 많았고, 전세가 5.8%를 차지하였다. 울산광역시가 도농복합도시의 형태를 띠고 있고, 노인소비자들이 농촌지역에 거주하고 있는 경우가 많기 때문에 자가의 비율이 높다고 볼 수 있다.

<표 2부-2>에는 조사대상자의 경제적 특성이 제시되어 있다. 월평균 가계소득은 200~300만원 미만 27.8%, 100만원 미만 26.1% 100~200만원 미만 20.0%, 300~400만원 미만 16.5%, 400~500만원 미만 5.8%, 500~600만원 미만 2.0%, 700만원 이상 1.0%, 600~700만원 미만 0.8%의 순으로 300만원 미만의 가계소득이 73.9%로 전체의 3/2를 차지하는 것으로 나타났다.

월평균 생활비 중에서 의생활비의 경우는 10만원 미만이 29.9%으로 가장 높게 나타났으며, 10~20만원 미만 26.9%, 20~30만원 미만 20.3%, 30~40만원 미만 11.1%, 50만원 이상 8.6%, 40~50만원 미만 2.4%, 지출이 없는 경우가 0.8%으로 조사되었다 식생활비는 40~80만원 미만이 49.3%, 40만원 미만 37.7%, 80~120만원 미만 8.6%, 200만원 이상 2.6%, 120~160만원 미만 1.2%, 160~200만원 미만 0.6%이었다. 또한 여가생활비는 10~20만원 미만이 31.9%, 20~30만원 미만 20.3%, 10만원 미만 13.5%, 30~40만원 미만 12.7%, 지출이 없는 경우가 7.0%, 50~60만원 미만 6.8%, 40~50만원 미만과 60만원 이상이 3.9%로 각각 나타났다. 식생활비를 가장 많이 사용하는 것을 알 수 있으며, 다음으로 여가생활비, 의생활비의 순으로 나타났다.

<표 2부 - 2> 경제적 특성

<table>
<tr><th colspan="2">분 류</th><th>N</th><th>%</th><th colspan="2">분 류</th><th>N</th><th>%</th></tr>
<tr><td rowspan="9">월평균 가계 소득</td><td>100만원 미만</td><td>130</td><td>26.1</td><td rowspan="9">여가 생활비</td><td>지출없음</td><td>34</td><td>7.0</td></tr>
<tr><td>100~200만원 미만</td><td>100</td><td>20.0</td><td>10만원 미만</td><td>66</td><td>13.5</td></tr>
<tr><td>200~300만원 미만</td><td>139</td><td>27.8</td><td>10~20만원 미만</td><td>155</td><td>31.9</td></tr>
<tr><td>300~400만원 미만</td><td>82</td><td>16.5</td><td>20~30만원 미만</td><td>99</td><td>20.3</td></tr>
<tr><td>400~500만원 미만</td><td>29</td><td>5.8</td><td>30~40만원 미만</td><td>62</td><td>12.7</td></tr>
<tr><td>500~600만원 미만</td><td>10</td><td>2.0</td><td>40~50만원 미만</td><td>19</td><td>3.9</td></tr>
<tr><td>600~700만원 미만</td><td>4</td><td>0.8</td><td>50~60만원 미만</td><td>33</td><td>6.8</td></tr>
<tr><td>700만원 이상</td><td>5</td><td>1.0</td><td>60만원 이상</td><td>19</td><td>3.9</td></tr>
<tr><td>계</td><td>499</td><td>100.0</td><td>계</td><td>487</td><td>100.0</td></tr>
<tr><td rowspan="8">의생 활비</td><td>지출없음</td><td>4</td><td>0.8</td><td rowspan="8">월평균 용돈</td><td>10만원 미만</td><td>106</td><td>21.4</td></tr>
<tr><td>10만원 미만</td><td>149</td><td>29.9</td><td>10~20만원 미만</td><td>186</td><td>37.6</td></tr>
<tr><td>10~20만원 미만</td><td>134</td><td>26.9</td><td>20~30만원 미만</td><td>122</td><td>24.7</td></tr>
<tr><td>20~30만원 미만</td><td>101</td><td>20.3</td><td>30~40만원 미만</td><td>59</td><td>11.9</td></tr>
<tr><td>30~40만원 미만</td><td>55</td><td>11.1</td><td>40~50만원 미만</td><td>6</td><td>1.2</td></tr>
<tr><td>40~50만원 미만</td><td>12</td><td>2.4</td><td>50~60만원 미만</td><td>11</td><td>2.2</td></tr>
<tr><td>50만원 이상</td><td>43</td><td>8.6</td><td>60만원 이상</td><td>5</td><td>1.0</td></tr>
<tr><td>계</td><td>498</td><td>100.0</td><td>계</td><td>495</td><td>100.0</td></tr>
<tr><td rowspan="7">식생 활비</td><td>40만원 미만</td><td>188</td><td>37.7</td><td rowspan="5">용돈의 주요 공급원</td><td>본인 및 배우자</td><td>296</td><td>59.7</td></tr>
<tr><td>40~80만원 미만</td><td>246</td><td>49.3</td><td>아들</td><td>169</td><td>34.1</td></tr>
<tr><td>80~120만원 미만</td><td>43</td><td>8.6</td><td>딸</td><td>21</td><td>4.2</td></tr>
<tr><td>120~160만원 미만</td><td>6</td><td>1.2</td><td>기타</td><td>10</td><td>2.0</td></tr>
<tr><td>160~200만원 미만</td><td>3</td><td>0.6</td><td>계</td><td>496</td><td>100.0</td></tr>
<tr><td>200만원 이상</td><td>13</td><td>2.6</td><td colspan="4" rowspan="2"></td></tr>
<tr><td>계</td><td>499</td><td>100.0</td></tr>
</table>

월평균 용돈을 조사한 결과는 10~20만원 미만이 37.6%로 가장 높게 나타났으며, 20~30만원 미만이 24.7%, 10만원 미만 21.4%, 30~40만원 미만 11.9% 50~60만원 미만 2.2%, 40~50만원 미만 1.2%, 60만원 이상이 1.0%로 나타났다. 그리고 용돈의 주요 공급원은 본인 및 배우자가 59.7%, 아들 34.1%, 딸 4.2%, 기타(동사무소, 기초생활 수급자금, 영세민 국가보조금) 2.0%로 나타나 자녀에 의존하지 않고 본인과 배우자들이 스스로 용돈을 해결하는 것을 알 수 있다.

<표 2부 - 3> 가계관리 실태

| 구 분 | | N | % | 구 분 | | N | % |
|---|---|---|---|---|---|---|---|
| 재산 관리자 | 본인 | 234 | 46.8 | 노후대비 자금마련 방법 (복수 응답) | 개인연금 | 87 | 18.75 |
| | 배우자 | 119 | 23.8 | | 저축 | 160 | 34.48 |
| | 배우자와 공동 | 67 | 13.4 | | 적금 | 20 | 4.31 |
| | 아들 | 72 | 14.4 | | 보험 | 42 | 9.05 |
| | 딸 | 8 | 1.6 | | 부동산 | 150 | 32.33 |
| | 계 | 500 | 100.0 | | 기타 | 5 | 1.08 |
| 노후대 비자금 마련 여부 | 마련했다 | 219 | 43.8 | | 계 | 464 | 100.0 |
| | 아직 마련하지 못했다 | 133 | 26.6 | 현재 생활 공급원 | 본인과 배우자 소득 | 231 | 46.7 |
| | 자식들 뒷바라지에 여유가 없었다 | 148 | 29.6 | | 자녀 소득 | 155 | 31.3 |
| | 계 | 500 | 100.0 | | 예금, 연금 | 87 | 17.6 |
| | | | | | 국민기초생활보장 수급자 | 22 | 4.4 |
| | | | | | 계 | 495 | 100.0 |

<표 2부-3>에는 가계관리 실태에 대한 세부적 조사결과가 제시되어 있다. 재산관리자에 대한 조사결과 본인이 46.8%로 가장 많았으며, 배우자 23.8%, 아들 14.4%, 배우자와 공동 13.4%, 딸 1.6%의 순서대로 나타났으며, 노후대비자금의 마련여부는 마련한 경우가 43.8%, 자식들 뒷바라지 때문에 여유가 없었다가 29.6%, 아직 마련하지 못했다가 26.6%로 나타났다. 노후대비자금의 마련방법은 저축 34.5%, 부동산 32.3%, 개인연금 18.8%, 보험 9.1%, 적금 4.3%, 기타(주식, 퇴직금, 사고보상금) 1.1%로 나타났으며, 현재 생활비의 마련은 본인과 배우자 소득이 46.7%로 가장 높았으며, 자녀 소득 31.3%, 예금, 연금 17.6%, 국민기초생활보장 수급자 4.4%의 순으로 조사되었다.

생활사용 시간에 대한 조사결과가 <표 2부-4>에 제시되어 있다. 낮 시간 이용장소는 집이 35.6%로 가장 많았고, 복지관 25.1%, 직장 18.0%, 노인정 16.8%, 기타(낚시터, 교회) 2.4%, 공원 2.2%로 순으로 나타났다. 정기적으로 모임에 참여하는 경우는 58.8%로 절반을 약간 넘는 것으로 나타났다. 모임에 참석하는 응답자를 대상으로 모임종류를 조사한 결과 계중이 85.3%로 압도적으로 많았고, 노인교실 4.4% 동창회 4.1%, 동호회 활동 및 종교단체 모임 2.0%, 집안모임과 고향친목회 1.0%로 나타났다. 여러 종류의 계중 모임이 활발하고 이 모임을 통하여 음식도 함께 먹고, 여행도 가고 하는 것으로 나타났다. 모임에서 1회 지출비용은 2만원이 43.1%로 가장 많았고, 1만원 24.7%, 3만원 21.9%, 4만원 이상 10.4% 순이었다.

<표 2부 - 4> 생활사용 시간

| 구 분 | | N | % | 구 분 | | N | % |
|---|---|---|---|---|---|---|---|
| 낮시간 이용 장소 | 집 | 176 | 35.6 | 모임 종류 | 계중 | 250 | 85.3 |
| | 노인정 | 83 | 16.8 | | 동호회 활동 | 6 | 2.0 |
| | 복지관 | 124 | 25.1 | | 동창회 | 12 | 4.1 |
| | 공원 | 11 | 2.2 | | 집안모임 | 3 | 1.0 |
| | 직장 | 89 | 18.0 | | 고향친목회 | 3 | 1.0 |
| | 기타 | 12 | 2.4 | | 노인교실 | 13 | 4.4 |
| | 계 | 495 | 100.0 | | 종교단체모임 | 6 | 2.0 |
| 정기적 모임참여 여부 | 있다 | 293 | 58.8 | | 계 | 293 | 100.0 |
| | 없다 | 205 | 41.2 | 모임시 1회 지출 비용 | 1만원 | 71 | 24.7 |
| | 계 | 498 | 100.0 | | 2만원 | 124 | 43.1 |
| | | | | | 3만원 | 63 | 21.9 |
| | | | | | 4만원 이상 | 30 | 10.4 |
| | | | | | 계 | 288 | 100.0 |

여가활동 요구 및 제약에 대한 조사결과는 <표 2부-5>와 같다. 여가활동을 하고 있지 않는 경우가 50.7%로 절반 정도가 되었다. 노인소비자들은 다른 연령층에 비하여 시간이 많음에도 특별한 여가활동을 하지 않는 경우가 절반이나 된다는 것은 큰 문제가 될 수 있다. 여가는 삶의 만족도나 질을 결정짓는 중요한 요소가 되기 때문이다. 현재 수행중인 여가활동은 등산 16.7%, 건강체조(헬스) 15.2%, 관광 10.8%, 텃밭가꾸기 9.7%, 노래배우기 8.8%, 조깅 8.7%, 학습 6.3%, 단전호흡 4.6%, 스포츠댄스 3.3%, 수영 3.1%, 배드민턴, 에어로빅 2.6%, 요가 2.1%, 자원봉사 1.3%, 자전거 타기 0.9%, 손뜨개질, 게이트볼 0.7%, 애완동물기르기 0.6%, 안마, 탁구 0.4%, 수지침, 골프 0.3%, 그림 0.1%의 순으로 나타났다.

향후 하고 싶은 여가활동으로는 관광 19.3%, 텃밭가꾸기 17.6%, 건강체조(헬스) 12.4%, 노래배우기 11.4%, 등산 11.2%, 조깅 3.7%, 단전호흡 3.7%, 수영 3.3%, 안마 2.9%, 배드민턴, 스포츠댄스 2.3%, 수지침, 자원봉사 2.1%, 요가 1.7%, 학습 1.4%, 에어로빅, 애완동물 기르기 0.6%, 손뜨개질, 오리와 닭 기르기, 게이트볼 0.4%, 골프 0.2%의 순으로 조사되었다.

여가활동의 제약사항으로는 건강상태가 나쁘다가 33.6%로 가장 많았고, 시간부족 27.5%, 경제적으로 부담스럽다 25.9%, 같이 할 사람이 없다 10.8% 배우자가 싫어함 1.8% 배우자외 가족들이 싫어함 0.4%로 건강과 시간부족이 가장 큰 이유로 나타났다. 노인소비자는 나이 때문에 건강이 더욱 중요한 의미를 가지고 있어서 이러한 결과가 나왔다고 볼 수 있다.

<표 2부 - 5> 여가활동 요구 및 제약

| 구 분 | | N | % | 구 분 | | N | % |
|---|---|---|---|---|---|---|---|
| 여가활동여부 | 하고 있다 | 246 | 49.3 | 여가활동 제약사항 | 같이 할 사람이 없다 | 49 | 10.8 |
| | 하고 있지 않다 | 253 | 50.7 | | 건강상태가 나쁘다 | 153 | 33.6 |
| | 계 | 499 | 100.0 | | 경제적으로 부담스럽다 | 118 | 25.9 |
| 현재 수행 중인 여가활동 (복수) | 등산 | 117 | 16.7 | | 시간 부족 | 125 | 27.5 |
| | 조깅 | 61 | 8.7 | | 배우자가 싫어함 | 8 | 1.8 |
| | 관광 | 76 | 10.8 | | 배우자외 가족들이 싫어함 | 2 | 0.4 |
| | 수영 | 22 | 3.1 | | 계 | 455 | 100.0 |
| | 배드민턴 | 18 | 2.6 | 향후 하고 싶은 여가활동 (복수) | 등산 | 58 | 11.2 |
| | 에어로빅 | 18 | 2.6 | | 조깅 | 19 | 3.7 |
| | 건강체조(헬스) | 107 | 15.2 | | 관광 | 100 | 19.3 |
| | 요가 | 15 | 2.1 | | 수영 | 17 | 3.3 |
| | 스포츠댄스 | 23 | 3.3 | | 배드민턴 | 12 | 2.3 |
| | 노래배우기 | 62 | 8.8 | | 에어로빅 | 3 | 0.6 |
| | 텃밭가꾸기 | 68 | 9.7 | | 건강체조(헬스) | 64 | 12.4 |
| | 애완동물기르기 | 4 | 0.6 | | 요가 | 9 | 1.7 |
| | 단전호흡 | 32 | 4.6 | | 스포츠댄스 | 12 | 2.3 |
| | 안마 | 3 | 0.4 | | 노래배우기 | 59 | 11.4 |
| | 수지침 | 2 | 0.3 | | 텃밭가꾸기 | 91 | 17.6 |
| | 손뜨개질 | 5 | 0.7 | | 애완동물기르기 | 3 | 0.6 |
| | 자원봉사 | 9 | 1.3 | | 단전호흡 | 19 | 3.7 |
| | 그림 | 1 | 0.1 | | 안마 | 15 | 2.9 |
| | 학습 | 44 | 6.3 | | 수지침 | 11 | 2.1 |
| | 자전거 타기 | 6 | 0.9 | | 손뜨개질 | 2 | 0.4 |
| | 탁구 | 3 | 0.4 | | 자원봉사 | 11 | 2.1 |
| | 게이트볼 | 5 | 0.7 | | 오리,닭기르기 | 2 | 0.4 |
| | 골프 | 2 | 0.3 | | 학습 | 7 | 1.4 |
| | 계 | 703 | 100.0 | | 게이트볼 | 2 | 0.4 |
| | | | | | 골프 | 1 | 0.2 |
| | | | | | 계 | 517 | 100.0 |

과거에는 노인들의 이성교제에 대하여 부정적인 인식이 매우 강했었다. 그러나 요즘 70대에도 청년들 못지않은 열정으로 뜨거운 연애를 하는 여성들이 늘고 있다. 그들은 오히려 노년의 자유로움을 만끽하고 자신의 사랑을 당당하게

주변에 알리며 진정한 연애는 '이제부터'라고 선언하고 있다. 최근 에세이집 '엄마를 졸업하다'를 출간한 닥종이인형 작가 김영희씨는 70세를 넘긴 나이에 다시 사랑에 빠졌다고 고백했다. 이제와 처음으로 연애편지를 써봤다는 그는 3년간 사귀어 온 '홀아비' 남자친구와의 연애사를 공개하며 그의 책 제목처럼 '엄마'라는 굴레를 벗어나 작가로서, '여자'로서 자유로움을 만끽하고 있는 자신의 아름다운 노년을 자랑했다. 70세에 신부가 된 무용가 홍신자씨도 노년의 청춘을 살아가는 대표적인 인물이다. 지난해 말 75분짜리 독무를 소화해내며 젊은 무용수 못지않은 열정을 과시한 그는 사랑에도 거칠 것이 없었다. 한 살 어린 독일인 남편과 하루에도 몇 번씩 사랑을 속삭인다는 홍씨는 70세의 나이에도 "사랑은 놀이"라고 당당히 말하는 청춘이다. 올해 75세인 가수 현미씨는 얼마 전 한 방송에서 "연하의 남자친구와 열애 중"이라고 밝혀 주변의 부러움을 사기도 했다.

70대 이상 노년의 사랑과 연애는 비단 화려하고 특별해 보이는 연예인이나 유명인들의 전유물이 아니다. 노인들이 많이 활동하고 있는 노인복지관이나 상담센터 등에서는 노인들의 연애 상담이 줄을 잇고 있다. 서울시 어르신상담센터 상담원에 의하면 노인들의 연애 상담 내용이 젊은 사람과 똑같으며, 노인들도 자신들이 충분히 누려야 하는 인권과 성적 자기결정권이 있다고 주장한다. 또한 여성 노인들의 경우에도 마음이 통하는 남자친구가 있으면 좋겠다고 당당히 말하는 추세이다. 특히 노년기의 여성은 퇴직과 함께 사회적 관계망이 끊기는 남성들과 달리 이웃이나 친구, 종교기관 등을 통한 지속적인 집단 관계 속에서 서로를 지지하고, 가족을 돌보느라고 발휘하지 못했던 자신만을 위한 여러 가지 활동을 활발하게 하고 있다.

한편 증가하는 노년층의 연애가 젊은이들의 연애 각본을 그대로 따르고 있어 문제가 제기되고 있다. 소비 중심의 젊은 층의 연애 방식이 아닌 노년의 성숙하고 느긋한 새로운 모습의 연애에 대한 고민과 교육이 필요하다는 주장도 제기되고 있다(여성신문 2013년 1월 18일).

노인 10명 중 6명이 성생활을 하고 있으나 이들 중 상당수가 성병 감염 경험이 있어 대책 마련이 시급한 것으로 나타났다. 한국소비자원은 4일 부산·광주·대전 등 지방에 거주하는 60대 이상(평균 72.1세) 노인 500명을 대상으로 성 안전 실태를 조사한 결과, 62.4%(312명)가 현재 성생활을 하고 있는 것으로 나타났다고 밝혔다. 소비자원은 노인들의 안전한 성 생활을 위해 안전한 노인 성생활을 위한 교육 강화 · 성인용품에 대한 안전기준 마련 · 불법 유통되는 가짜 발기부전 치료제 유사 의료기기에 대한 단속 강화 등을 보건복지부에 건의했다.

성별로는 남성(69.8%)이 여성(39.8%)보다 높았고 배우자가 없는 노인들은 이성교제(56.1%)나 성매매(46.5%)를 통해 성생활을 유지하고 있다고 응답했다. 성매매 시 3명 중 2명 꼴로 콘돔을 사용하지 않는다고 답했고, 실제로 성생활을 하는 노인 중 32.1%(100명)는 성병 감염 경험이 있는 것으로 확인됐다. 발기부전치료제나 유사 의료기기 사용으로 부작용을 겪는 노인도 상당수 파악됐다. 조사결과 발기부전치료제 경험이 있는 노인은 36.9%로 이 중 67%는 부작용을 경험한 것으로 나타났다. 주요 증상으로는 혈압상승 · 안면홍조 · 안구충혈 등이었다. 의료기기 사용 중 부작용을 경험한 노인은 44.6%였고 이들은 피부반점 · 변색 · 피부외상 · 출혈 · 호흡곤란 등의 부작용을 경험했다고 응답했다. 구입장소는 약국이나 의료기기 판매점보다 성인용품점 · 신문광고 · 노점 등 비공식적인 경로를 이용하는 경우가 많았다(아주경제 2012년 10월 4일).

<표 2부 - 6> 이성교제

| 구 분 | | N | % |
|---|---|---|---|
| 현재 이성교재여부 | 한다 | 9 | 4.8 |
| | 하고 있지 않다 | 179 | 95.2 |
| | 계 | 188 | 100.0 |
| 향후 이성교제 의향 | 있다 | 24 | 6.3 |
| | 그저 그렇다 | 25 | 6.6 |
| | 없다 | 331 | 87.1 |
| | 계 | 380 | 100.0 |
| 이성교제 형태 | 친목도모 | 332 | 88.1 |
| | 단순 데이트 정도 | 39 | 10.3 |
| | 결혼까지 고려 | 6 | 1.6 |
| | 계 | 377 | 100.0 |

이성교제에 대한 조사결과는 <표 2부-6>에 제시되어 있다. 현재 이성교재를 하고 있는지의 여부에 대해서는 하고 있지 않다가 95.2%, 하고 있다가 4.8%로 대부분이 현재 이성교제를 하고 있지 않는 것을 알 수 있다. 향후 이성교제 의

향은 없는 경우가 87.1%, 그저 그렇다 6.6%, 있다 6.3%로 의향이 없는 것으로 나타났으며, 이성교제 형태는 친목도모가 88.1%로 가장 높게 나타났고, 다음으로 단순 데이트 정도 10.3%, 결혼까지 고려 1.6%의 순으로 나타났다.

# 제3장 노인소비자의 구매문제

우리나라는 고령화가 빠르게 진전되면서 노인소비자 시장이 크게 증가하고 있고, 노인소비자 문제에 대한 관심도 증가하고 있다. 우리나라 노인소비자들은 전반적으로 생존유지와 사회적 문화적 욕구를 충족시키는데 필요한 자원의 부족에서 발생하는 소비지출문제는 심각하지 않지만 시장에서 재화와 용역을 구입하고 사용하는 과정에서 발생하는 구매문제를 더 많이 호소하고 있는 것으로 밝혀졌다(이성림, 이기춘, 1991).

한국소비자원(2007)의 소비자상담분석에 의하면 60세 이상 노인소비자가 상담을 신청한 건수가 2008년에는 5,708건으로 전체 2.3%를 차지하였고, 2009년에는 7,206건으로 2.7%를 차지함으로써 노인소비자의 비중이 점차 증가하는 추세이다. 노인소비자의 신체적 정신적 특성상 상담이나 피해구제가 쉽지 않다는 점을 고려할 때 실제 피해는 더 많으리라고 추정할 수 있다는 점에서 다른 소비자계층에 비하여 문제가 더욱 심각해질 수 있다(김민정, 이지은, 2010). 특히 건강보조기구 및 의료기구와 관련하여 한국소비자원과 1372 소비자상담센터에 2009년부터 2010년 8월까지 60세 이상의 노인소비자 상담사례가 99건이나 접수됐고, 이중 제품을 사용하는 중에 다쳤거나 신체상 위해가 발생한 사례가 21건이나 되었다.

노인소비자는 소비자기만에 민감하고 시장 참가수준이 일정할 때 희생되기 쉽지만 자신의 권리나 불공정한 기업관행을 인지하지 못하며, 소비자불만이 생겨도 불만호소행동을 잘 하지 않는 경향이 있다. 또한 노인소비자들은 소비자문제를 해결하기 위한 도움을 어디에서 어떻게 받아야 되는지를 잘 모르고, 불리한 시장경험과 관련하여 상대적으로 보다 많은 금전과 분노, 좌절, 불편함, 근심 등과 같은 심리적 비용을 지불하게 된다. 많은 시간을 어떻게 소비해야 할지 모르는 노인소비자를 대상으로 레크리에이션을 해주면서 품질이 좋지 않는 상품을 고가에 파는 경우에는 소비자문제가 가족문제로까지 번져 더 심각한 사회문제가 되고 있다.

이처럼 노인소비자들의 구매문제가 심각한 사회문제가 되고 있음에도 불구하고 미국에서는 1970년대와 1980년대에 우리나라의 경우에는 1990년대 초에 노인소비자 문제를 다룬 연구들이 일부 이루어졌을 뿐이다. 2000년도에 들어서면서 노인소비자를 대상으로 한 소비자교육방안을 다룬 연구들도 이루어졌다(김민정, 이지은, 2010; 심영, 2003; 2005). 1990년대에 비하여 우리나라도 고령화가 많이 진전되고 있고, 노인소비자들의 다양성이 증가하고 있으며, 시장환경도 빠르게 변화하고 있기 때문에 노인소비자들이 경험하고 있는 구매문제도 점차 변화하고 있다.

## 1. 노인소비자의 구매문제 인식

노인소비자에 초점을 맞춘 선행연구들은 우리나라보다 고령화가 빨리 진전된 선진국에서는 1970년대 후반부터 1980년대 초반 사이에 이루어졌고, 우리나라의 경우에는 1990년대에 몇몇 연구들이 이루어졌다. Hunt(1980)는 미국의 연구결과를 다음과 같이 요약하였다. 미국의 노인소비자들은 소비자문제를 야기하는 마케팅 관행들을 불공정하다고 지각하는 경향이 적고, 젊은 소비자들에 비하여 내적 지식이나 경험에 더 많이 의존하고 있었다. 미국의 노인소비자들이 가장 많이 경험한 소비자문제는 서비스 및 유지와 관련된 것이었고, 이들 문제들은 다른 문제들에 비하여 만족스럽게 해결되지 않았고, 이러한 불만족스러운 결과는 불만호소행동을 하지않게 하는 결과를 초래했다는 점이다.

이성림, 이기춘(1991)은 노인소비자의 시장구매문제를 소비자기능문제와 시장환경문제로 구분하여 조사하였는데, 두 하위영역 모두 중간점을 상회하는 높은 수준이었고, 시장환경문제가 소비자기능문제보다 더 심각한 것으로 나타났다.

그러나 정지영(1992)의 연구에서는 노인소비자의 소비자문제 경험 수준은 중간 점수보다 훨씬 낮은 것으로 나타났다. 소비자문제 영역별로 보면 상인의 불친절과 시장구조문제를 가장 많이 경험하였고, 그 다음으로는 가격문제, 수선과 교환 문제, 부당거래 문제, 광고문제, 품질문제, 외판문제 등을 많이 경험하는 것으로 나타났다.

소비자가 많이 경험하고 있는 구매문제 영역은 가격, 품질, 광고, 부당거래, 수선과 교환, 외판, 상인의 불친절, 시장구조적인 문제인 것으로 나타났다(김영신, 1991; 정지영, 1992). 이 장에서는 선행연구와 울산시에 거주하고 있는 노인들을 심층면접한 결과를 바탕으로 하여 구매문제를 측정하기 위한 문항을 구성하였다. 구매문제의 하위영역은 표시, 가격 및 품질, 사용, 피해보상, 계약의 다섯 차원으로 나누어졌고 각 영역에는 두 문항씩 포함되었고, 문항의 내용은 <표 3-1>에 제시하였다. 각 문항은 모두 '전혀 그렇지 않다'의 1점부터 '매우 그렇다'의 5점을 주는 리커트 척도로 측정하였다. 그러므로 구매문제인지 점수는 10점부터 50점 사이에 분포하며 점수가 클수록 구매문제를 많이 인식한다고 볼 수 있다.

울산광역시 노인소비자들은 피해 보상 기준을 모르는 경우(m=3.98)와 피해 보상을 받기 어려운 경우(m=3.94)가 가장 높은 수준으로 나타나서 피해 보상과 관련된 문제를 가장 많이 인식하고 있었다. 이 연구결과는 노인소비자교육 요구도를 분석한 연구들이 1위로 제시한 영역이 보상방법과 피해구제라는 김민정, 이지은(2010)의 연구와도 관련이 깊다고 할 수 있다. 판매업자들의 유혹에 약한 노인소비자들은 구매하고 난 후에 후회하는 경우가 많이 있고, 주위의 자식들한테 자신이 경험한 피해를 설명도 못하는 경우도 있다. 더군다나 피해보상과 관련된 소비자지식이 부족한 경우가 많다는 점에서 노인소비자를 대상으로 한 피해보상과 관련된 특별 교육이 필요하다고 본다.

제품이나 서비스의 질이 떨어지는 경우(m=2.79)와 판매원의 설명이나 강요에 의해 계약을 하는 경우(m=2.36)는 중간점 이하로 비교적 낮게 인식하고 있는 것으로 나타났고, 다른 문제들은 모두 중간점 이상으로 인식하고 있었다. 이 결과는 노인소비자들의 소비자문제 경험 수준은 중간점보다 훨씬 낮은 수준이라는 정지영(1992)의 연구결과와는 차이를 보인다고 볼 수 있다. 1990년대에 비하여 고령화가 많이 진전되고 핵가족화가 확산되면서 자식들에게 의존하지 않고 독립적인 생활을 하는 노인소비자들이 직접 소비활동에 참여하는 경우가 증가하였기 때문이라고 볼 수 있다.

2013년 1월에 울산지역에서 할머니를 상대로 저가의 건강보조식품을 고가에 판매한 혐의로 6명이 검거됐다고 울산경찰이 밝혔다. 이들은 지난해 7월부터 이달까지 남구 신정동에 마련한 600여㎡ 규모의 불법 판매장에서 할머니 747명에게 모두 13억원어치의 건강보조식품을 판매했다는 것이다. 이들은 특히 30만원짜리 상어연골과 상황버섯을 120만원에 판매하는 등 4~5배에 가까운 폭리를 취한 것으로 드러났다.

이들의 범죄수법은 매우 지능적이고 악질적인 것으로 드러났다. 1만원짜리 상품권, 달걀, 어묵 등의 생필품을 사례품으로 제공하는 방식으로 노인들을 모아놓고 '호주에서 생산된 상어연골 제품을 먹은 어머니가 관절병이 완치됐다'거나 '사장과의 친분으로 몇 상자만 가져왔다'는 등의 과장 광고로 노인들의 마음을 사로잡았다고 한다. 마을회관 등에서 중풍이나 관절염 등에 효능이 있다는 각종 건강보조식품을 5~10배 이상 폭리를 취하는 기만상술, 효도관광이라는 명분으로 노인들을 유혹해 관광보다 건강보조식품을 원가의 수십 배를 얹어 강매하다시피 떠넘겨 피해를 입었다는 얘기도 많았다. 대부분 마땅한 소일거리가 없는 노인들에게 '미끼 사은품'을 건내면 나중에 비싼 물품을 내밀어도 인정상 거절하기 어렵다는 심리를 악용한 것들이다.

노인소비자들의 이러한 어이없는 구매 때문에 가정불화로까지 이어지는 경우도 있다고 한다. 노인소비자들은 자식들이 물건을 못 사게 하면 자식들의 효심이 부족하다고 여겨 서운해 하고, 며느리나 손주 며느리, 아들과 딸들은 이러한 노인들의 소비행태를 도저히 이해할 수 없고, 필요하지도 않고, 품질이 떨어지는 물건들이 집안에 쌓이는 것도 매우 괴로워하기 때문이다(울산매일 2013년 1월 30일).

이와 같이 일부 노인소비자들을 모아서 레크리에이션 등을 제공하고 물건을 강매하는 곳에서 물건을 구입한 노인소비자들은 자신들을 즐겁게 해주었기 때문에 자신에게 불필요하고 또 가격에 비하여 품질이 매우 조악한 물건을 구입하고서도 문제로 인식하지 않고 있는 경우도 언론에서 보도되고 있다. 그러므로 소비자문제가 실제로는 발생하고 있음에도 불구하고 문제로 인식하지 못하고 있는 노인소비자를 대상으로 한 소비자교육을 통하여 소비자문제를 예방하려는 프로그램이 마련되어 실시되어야 한다. 이러한 노인소비자들의 경우 소비자문제가 고부갈등과 같은 가족문제로 까지 확대되고 있기 때문이다.

<표 3-1> 구매문제 인식 수준

| 구매문제 차원 | 하위항목 | m | SD |
|---|---|---|---|
| 표시 | . 설명서의 내용이 어렵다. | 3.48 | 0.88 |
| | . 표시가 작다. | 3.57 | 0.94 |
| 가격 및 품질 | . 제품이나 서비스의 질이 떨어진다. | 2.79 | 0.93 |
| | . 가격이 비싸다 | 3.68 | 0.65 |
| 사용 | . A/S받기가 힘들다. | 3.12 | 0.96 |
| | . 제품을 사용하기 힘들다. | 3.07 | 0.87 |
| 피해 보상 | . 피해 보상을 받기가 어렵다. | 3.94 | 0.76 |
| | . 피해 보상 기준에 대해서 알 수가 없다. | 3.98 | 0.74 |
| 계약 | . 계약해제와 해지의 방법을 모른다. | 3.84 | 0.82 |
| | . 판매원의 설명이나 강요에 의해 계약을 한다. | 2.36 | 0.79 |

<표 3-2>에는 구매문제 인식의 5개 하위차원을 기준으로 k-평균 군집분석을 한 결과가 제시되어 있다. 가능한 군집의 수를 모두 포함하여 분석한 결과 동일한 유형이 포함되지 않고 해석 가능한 경우가 세 개의 집단으로 유형화된 것이다. <표 3-3>은 추출된 군집의 타당성을 검토하기 위하여 3개의 군집을 독립변수로 하고, 군집의 기준이 된 5개 하위차원을 종속변수로 하여 분산분석을 한 것이다. 5개 하위차원은 모두 3개 군집에 따라 의미있는 차이를 보임으로써 (p<.001) 군집의 타당성이 확보되었다고 볼 수 있다.

군집 1은 표준화된 점수의 부호가 모두 +이고 다른 두 집단에 비하여 모든 구매문제를 가장 높게 인식하고 있는 유형이므로 '구매문제를 많이 인식하는 형'으로 명명하였다. 이 집단에는 102명이 포함되어 전체 21.0%를 차지하였고 가장 적었다.

<표 3-2> 구매문제 인지의 5개 차원을 기준으로 분류한 군집분석

| 유형 / 차원 | 구매문제를 많이 인식하는 형 102(21.0) | 구매문제를 적게 인식하는 형 110(22.6) | 피해보상과 계약 문제를 주로 인식하는 형 274(56.4) |
|---|---|---|---|
| 표시 | + | - | - |
| 가격 및 품질 | + | - | - |
| 사용 | + | - | - |
| 피해 보상 | + | - | + |
| 계약 | + | - | + |

N(%)

<표 3-3> 소비자문제 인지 유형에 따른 소비자문제 인지에 관한 분산분석

| 유형 / 차원 | 구매문제를 많이 인식하는 형 m (SD) | 구매문제를 적게 인식하는 형 m (SD) | 피해보상과 계약 문제를 주로 인식하는 형 m (SD) | F비 |
|---|---|---|---|---|
| 표시 | 4.33 (0.53) | 2.84 (1.73) | 3.51 (0.73) | 122.359*** |
| scheffe | a | c | b | |
| 가격 및 품질 | 4.05 (0.51) | 2.78 (0.44) | 3.10 (0.43) | 236.460*** |
| scheffe | a | c | b | |
| 사용 | 4.09 (0.51) | 2.31 (0.39) | 3.03 (0.50) | 365.483*** |
| scheffe | a | c | b | |
| 피해 보상 | 4.49 (0.49) | 3.06 (0.65) | 4.14 (0.40) | 269.318*** |
| scheffe | a | c | b | |
| 계약 | 3.78 (0.53) | 2.34 (0.44) | 3.16 (0.37) | 309.329*** |
| scheffe | a | c | b | |

***p<.001

군집 2는 군집1과 반대로 표준화된 점수의 부호가 모두 -이고 다른 유형에 비해 구매문제를 가장 적게 인식하고 있었기 때문에 '구매문제를 적게 인식하는 형'으로 명명하였다. 이 집단에는 110명이 포함되어 22.6%를 차지함으로써, 군집 1과 거의 유사한 수준이다.

군집 3은 피해 보상과 계약 차원의 표준화된 점수의 부호는 +이나 표시, 가격 및 품질, 사용은 -로 나타났다. 전반적인 구매문제 인식 수준은 군집 1보다는 낮으나 군집 2보다는 높았다. 그러므로 이 유형을 '피해보상 및 계약 문제를 주로 인식하는 형'으로 명명하였다. 이 집단에는 274명이 포함됨으로써 56.4%를 차지하여 전체 노인소비자의 절반 이상이 포함되었다. 즉 구매문제 전반에 중간 정도의 관심을 가지고 있으면서 피해보상 및 계약과 관련된 문제를 민감하게 인식하고 있는 노인소비자들이 많다는 것을 알 수 있다.

## 2. 사회인구학적 변수와 노인소비자의 구매문제 인식

Burnhardt(1981)는 다른 연령집단과 마찬가지로 노인소비자들도 욕구와 능력, 자원이 서로 다르다는 점에서 노인소비자집단이 동질적이지 않다고 하였다. 그러므로 노인소비자들도  소득, 연령, 교육수준 등에 따라 서로 다른 하위집단을 이루고 있기 때문에 노인소비자 문제는 하위집단에 따라 다를 수 있다고 하였다. Burton과 Hennon(1980)도 노인과 관련된 소비자문제는 유사하기는 하나 집단에 따라 정도의 차이가 있다고 하였다.

Andreasen(1975)의 제약가설에 의하면 낮은 소득과 높은 연령은 합리적인 구매행동의 제약으로 작용하고, 무지가설에 의하면 낮은 교육수준은 낮은 소비자지식을 초래하여 구매문제를 더 많이 경험하게 하는 요인이 될 수 있다. 또한 Gronhaug(1991)의 자원가설에 의하면 연령, 소득, 교육수준 등은 모두 개별자원지수로 간주된다는 점에서(김영신, 1991) 노인소비자의 구매문제 인식의 중요한 변수가 될 수 있다.

성별, 연령, 교육년수, 소득관련 변수 등이 노인소비자의 구매문제에 미치는 영향은 연구에 따라 일치하지 않는 것으로 나타났다. 한정화(1987)의 연구에서는 노인소비자가 인지한 소비자문제는 성별에 따라 차이를 보였으나, 이혜임, 이승신(1996)의 연구에서는 노인소비자의 구매문제 경험은 성별과 관련이 없었다.

한정화(1987)는 연령에 따라 노인소비자가 인지하는 소비자문제는 차이를 보인다고 하였고, 이성림, 이기춘(1991)은 연령은 노인의 구매문제에 영향을 미치지 않았다고 하였다. 노인소비자는 연령이 낮을수록 구매문제를 많이 경험한다는 연구결과와(이혜임, 이승신, 1996), 연령이 높을수록 구매문제를 많이 경험한다는 연구결과가(정지영, 1992; Mason & Bearden, 1979; John & Cole, 1986) 공존하고 있다. Lee와 Soberon-Ferrer(1999)는 미국의 노인소비자는 은퇴후에 소득과 자산이 감소함에 따라 젊은 소비자들에 비하여 구매기회가 감소하게 되고 그 결과 불만호소행동을 하게 하는 계기가 되는 소비자문제를 경험할 기회가 적기 때문에 불만호소행동은 나이와 관련이 없다고 설명하였다.

노인소비자는 교육년수가 낮을수록 구매문제 경험을 많이 한다는 연구(이성림, 이기춘, 1991; 정지영, 1992; 한정화, 1987)와 교육수준이 구매문제 경험에 영향을 미치지 않는다는 연구(이혜임과 이승신, 1996)도 있다. 노인소비자 문제를 다룬 연구 중에서 월평균소득을 변수에 포함시킨 연구는 정지영(1992)의 연구만 있었는데, 이 논문에서 월평균소득은 노인소비자 문제에 영향을 미치지 않았다. 노인소비자는 용돈이 적을수록 구매문제가 심각하다는 연구(이성림, 이기춘, 1991; 이혜임, 이승신, 1996)들과 월평균용돈이 노인소비자의 소비자문제경험에 영향을 미치지 않는다는 연구(정지영, 1992)가 있다.

이성림, 이기춘(1991), 이혜임, 이승신(1996)은 가족결속력이 떨어질수록 노인소비자들이 구매문제를 많이 경험한다고 하였다. 한정화(1987)은 가족유형과 동거여부에 따라 노인소비자가 인지한 소비자문제는 차이가 난다고 하였으나, 이성림, 이기춘(1991)의 연구에서는 노인가족의 형태에 따라 노인소비자 문제는 차이를 보이지 않았다. 정지영(1992)은 배우자가 없는 노인소비자가 소비자문제를 더 많이 경험하였고, 동거가족수가 3~4명이 소비자문제를 가장 적게 경험하였고, 1~2명이나 5명 이상이 소비자문제를 더 많이 경험하였다고 하였다.

<표 3-4>와 <표 3-5>에는 구매문제 인식 유형이 사회경제적 변수에 따라 차이가 있는지를 알아보기 위하여 교차분석과 분산분석을 한 결과가 제시되어 있다. 성별과 배우자유무는 구매문제 인식유형과 $p<.001$ 수준에서 관련되어 있는 것으로 나타났다. 구매문제를 많이 인식하는 형은 여성이 66.7%로 남성의 거의 두 배를 차지하였고, 피해보상 및 계약 문제를 주로 인식하는 형도 여성이 54.7%를 차지하여 여성이 남성보다 많았으나, 구매문제를 적게 인식하는 형은 남성이 58.2%로 여성보다 약간 많았다. 여성노인이 남성노인에 비하여 구매활동을 많이 하기 때문에 구매문제도 더 많이 경험하고 있다고 볼 수 있다. 연구결과는 성별에 따라 노인소비자문제가 차이를 보인다는 한정화(1987)의 연구결과와는 일치하였으나, 노인소비자의 구매문제 경험은 성별과 관계가 없다는 이혜임, 이승신(1996)의 결과와는 일치하지 않았다.

구매문제를 많이 인식하는 형의 경우는 배우자가 없는 노인소비자가 55.4%로 배우자가 있는 노인소비자보다 약간 많았으나, 구매문제를 적게 인식하는 형의 경우는 배우자가 있는 노인소비자가 86.8%를 차지하였고, 피해보상과 계약 문제를 주로 인식하는 형의 경우도 배우자가 있는 노인소비자가 61.7%를 차지하였다. 이 연구결과는 이성림, 이기춘(1991), 정지영(1992)의 연구결과와 일치하였다.

구매문제 인식 유형에 따라 연령, 교육년수, 월평균 가계소득, 월평균 용돈은 $p<.001$ 수준에서, 동거 가족수는 $p<.05$ 수준에서, 자녀수는 $p<.01$ 수준에서 의미있는 차이를 보였다. 구매문제를 많이 인식하는 형이 71.55세로 가장 나이가 많았고, 그 다음은 피해 보상 및 계약 문제를 주로 인식하는 형으로 67.94세, 구매문제를 가장 적게 인식하는 형이 64.33세로 나이가 가장 젊었다. 이 연구결과는 나이

가 많을수록 소비자문제를 많이 경험한다는 정지영(1992), Mason과 Bearden(1978), John과 Cole(1986) 등의 연구결과와 일치하였다. 나이가 많은 노인소비자는 적은 노인소비자에 비하여 신체적 건강, 소득, 교육수준, 소비자지식 수준, 새로운 기술과 정보를 습득하는 능력 등이 떨어지기 때문에 구매문제를 더 많이 인식하고 있다고 해석할 수 있다.

구매문제를 가장 적게 인식하는 형이 교육을 가장 많이 받았으나 중학교 졸업 수준이고, 피해보상 및 계약 문제를 주로 인식하는 형은 중간이나 초등학교 졸업 수준이고, 구매문제를 가장 많이 인식하는 형은 교육을 가장 적게 받았으며, 초등학교 중퇴수준인 것으로 나타났다. 교육수준이 낮은 노인소비자는 소비자역할을 효율적으로 수행하는데 필요한 소비자지식, 소비자태도, 소비자기능을 효율적으로 습득할 수 없고(이기춘, 1985), 소비자정보를 효율적으로 선택할 수 없어서 구매문제를 더 많이 인식한다고 해석할 수 있다.

구매문제 인식 유형에 따라 현재 동거하고 있는 가족수는 의미있는 차이를 보였으나, Scheffe 검증에서는 집단간에 의미있는 차이를 보이지 않았다. 이러한 연구결과는 노인소비자의 소비자문제경험은 가족수에 따라 차이를 보인다는 정지영(1992)의 결과와 일치한다고 볼 수 있다. 자녀수는 피해보상 및 계약 문제를 주로 인식하는 형이 3.71명으로 가장 많았고, 구매문제를 가장 적게 인식하는 형이 3.12명으로 가장 작았다. 구매문제를 많이 인식하는 형은 3.48명으로 두 번째로 자녀수가 많았으나, 피해보상 및 계약 문제를 주로 인식하는 형과 통계적으로 의미있는 차이를 보이지는 않았다. 핵가족화와 노인부양의식이 과거에 비하여 많이 약화되고 있는 상황에서 함께 동거하는가 보다는 노부모와 자녀간의 심리적 유대관계가 노인의 소비생활에 중요한 영향을 미치고 있다고 볼 수 있다(이성림, 이기춘, 1991). 즉 함께 거주하지 않아도 자녀들이 경제적 심리적 부양을 지속함으로써 노인소비자들의 구매문제를 감소시키는 역할을 하고 있다고 볼 수 있다.

월평균가계소득과 월평균용돈은 구매문제를 많이 인식하는 형이 가장 많았고, 구매문제를 가장 적게 인식하는 형이 가장 적었다. 이러한 연구결과는 이성림, 이기춘(1991), 이혜임, 이승신(1996)의 연구결과와는 일치하였으나, 정지영(1992)의 연구결과와는 일치하지 않았다.

<표 3-4> 사회경제적 변수와 구매문제 인식 유형에 관한 교차분석

| 구분 | | 구매문제를 많이 인식하는 형 | | 구매문제를 적게 인식하는 형 | | 피해보상 및 계약 문제를 많이 인식하는 형 | | $\chi^2$ |
|---|---|---|---|---|---|---|---|---|
| | | N | (%) | N | (%) | N | (%) | |
| 성별 | 남성 | 34 | ( 33.3) | 64 | ( 58.2) | 124 | ( 45.3) | 13.215*** |
| | 여성 | 68 | ( 66.7) | 46 | ( 41.8) | 150 | ( 54.7) | |
| | 계 | 102 | (100.0) | 110 | (100.0) | 274 | (100.0) | |
| 배우자 | 유 | 45 | ( 44.6) | 92 | ( 86.8) | 166 | ( 61.7) | 40.895*** |
| | 무 | 56 | ( 55.4) | 14 | ( 13.2) | 103 | ( 38.3) | |
| | 계 | 101 | (100.0) | 106 | (100.0) | 269 | (100.0) | |

<표 3-5> 사회경제적 변수와 구매문제 인식 유형에 관한 분산분석

| 구분 | | 구매문제를 많이 인식하는 형 | 구매문제를 적게 인식하는 형 | 피해보상 및 계약 문제를 주로 인식하는 형 | F비 |
|---|---|---|---|---|---|
| | | m (SD) | m (SD) | m (SD) | |
| 연령 | | 71.55 ( 6.51) | 64.33 ( 6.84) | 67.94 ( 7.17) | 28.334*** |
| | scheffe | a | c | b | |
| 교육년수 | | 4.33 ( 4.18) | 9.70 ( 3.62) | 6.91 ( 3.99) | 48.947*** |
| | scheffe | c | a | b | |
| 동거 가족수 (본인 포함) | | 2.75 ( 1.59) | 2.62 ( 1.20) | 2.97 ( 1.59) | 2.469* |
| | scheffe | | | | |
| 자녀수 | | 3.48 ( 1.65) | 3.12 ( 1.18) | 3.71 ( 1.54) | 6.290** |
| | scheffe | bc | c | a | |
| 월평균 가계소득 | | 153.98 (119.86) | 230.95 (150.08) | 197.30 (131.89) | 8.788*** |
| | scheffe | c | a | b | |
| 월평균 용돈 | | 11.16 ( 9.79) | 21.70 ( 15.08) | 15.24 ( 11.09) | 21.706*** |
| | scheffe | c | a | b | |

*p<.05, **p<.01, ***p<.001

## 3. 건강관련 변수와 노인소비자의 구매문제 인식

노인소비자는 질병이 있다는 명확한 증거가 없어도 상당수가 자신의 건강상태를 좋지 않다고 평가하고 있고, 지각한 건강상태와 실제 건강상태간의 상관관계가 높으며, 활동성을 감소시키고 대인관계나 다른 사람과의 상호작용을 어렵게 하는 것으로 보고되고 있다(송미령 외, 2010; 이기령 외, 2009). 한정화(1987)의 연구에서도 노인소비자의 건강상태에 따라 노인소비자가 인지한 소비자문제는 차이를 보였다. 정영숙(1999)은 노인의 소비생활만족도는 삶의 질에 의미 있는 영향을 미치는데, 특히 건강관리와 영양에 대한 만족도가 삶의 질을 높이는데 중요한 역할을 한다고 하였다.

우리나라 노인들의 가장 큰 관심사는 건강문제이며 스스로 수족을 움직이지 못해 자식에게 짐이 되는 것을 가장 두려워하고 있다고 알려져 있다(김남초, 양수, 2002)는 점에서 건강관련 변수가 노인소비자의 구매문제에 영향을 미친다고 볼 수 있다. 노인소비자의 일상생활수행능력과 건강생활수행능력은 노인을 활동적이고 독립된 생활을 하게하고 인생을 즐기게 도와준다는 점에서 정상적인 노화과정과 그에 수반되는 변화를 이해하고 성공적인 노화를 이끄는 중요한 역할을 하기 때문이다(김정선, 1998).

Andreasen(1975)의 제약가설에 의하면 나이가 많아서 신체적 이동에 제약을 받거나 자신이 익숙하지 못한 곳에서 구매하는 것을 두려워하는 노인의 심리적 특성이 제약이 되어 소비자문제에 직면하기가 쉽게 된다. 노인소비자의 독립된 생활과 자율성을 유지하는 정도를 의미하는 일상생활수행능력은 노인소비자의 구매문제 인식의 중요한 변수가 될 수 있다. 즉 일상생활수행능력이 높은 노인소비자일수록 구매문제 인식을 적게 할 것이라고 가정할 수 있다. Gronhaug(1991)의 자원가설에 의하면 자원이 많은 소비자가 적은 소비자에 비하여 소비자문제를 덜 인식하게 된다. 여러 종류의 자원 중에서 노인소비자에게 특히 중요한 자원 중 하나가 건강자원이라고 볼 수 있다.

<표 3-6> 소비자문제 인지 유형에 따른 생활수행능력에 관한 분산분석

| 구분 | 구매문제를 많이 인식하는 형 m (SD) | 구매문제를 적게 인식하는 형 m (SD) | 피해보상 및 계약문제를 주로 인식하는 형 m (SD) | F비 |
|---|---|---|---|---|
| 일상생활수행능력 | 12.68 (3.34) | 15.51 (2.43) | 14.62 (2.79) | 27.985*** |
| scheffe | c | a | b | |
| 건강생활수행능력 | 18.85 (4.53) | 21.93 (3.83) | 20.45 (3.61) | 16.514*** |
| scheffe | c | a | b | |

***p<.001

일상생활수행능력은 “집안일을 혼자 할 수 있다”, “외출하는데 불편함이 없다”, “혼자 물건 구입이 가능하다”, “금전관리는 내가한다” 의 4개 문항으로 측정하였다. 4문항 모두 ‘전혀 그렇지 않다’의 1점부터 ‘매우 그렇다’의 5점을 주는 리커트 척도로 측정하였다. 그러므로 일상생활수행능력 점수는 4점부터 20 사이에 분포하고 점수가 높을수록 일상생활을 수행할 수 있는 능력이 크다고 볼 수 있다.

건강생활수행능력은 “건강 유지를 위해 규칙적으로 운동을 한다”, “규칙적으로 영양제를 먹는다”, “몸에 좋다는 음식을 골라서 먹는 편이다”, “건강에 관한 기사나 프로그램을 되도록 본다”, “몸에 이상이 생기면 바로 병원이나 약국을 찾는다”, “정기적으로 건강진단을 받는다”, “아픈 데가 없어도 가끔 보약을 지어 먹는다” 의 7개 문항으로 측정하였다. 7문항 모두 ‘전혀 그렇지 않다’의 1점부터 ‘매우 그렇다’의 5점을 주는 리커트 척도로 측정하였다. 건강생활수행능력은 7점부터 35점 사이에 분포하며 점수가 많을수록 건강생활을 수행할 수 있는 능력이 크다는 것을 의미한다.

구매문제 인식 유형에 따라 일상생활수행능력과 건강생활수행능력이 차이가 있는지를 알아보기 위하여 분산분석을 한 결과가 <표 3-6>에 제시되어 있다. 노인소비자의 구매문제 인식 유형에 따라 일상생활수행능력과 건강생활수행능력은 $p<.001$ 수준에서 의미 있는 차이를 보였다. 일상생활수행능력과 건강생활수행능력은 구매문제를 적게 인식하는 형이 가장 높게 나타났고, 그 다음이 피해보상 및 계약 문제를 주로 인식하는 형이며, 구매문제를 가장 많이 인식하는 형이 가장 낮았다. 이 연구결과는 노인소비자의 건강상태에 따라 노인소비자가 인지한 소비자문제는 차이를 보인다는 한정화(1987)의 결과와 일치하였다.

이상에서 노인소비자의 구매문제 인식과 관련된 변수를 분석한 결과를 통하여 Andreasen(1975)의 무지가설과 제약가설, Gronhaug(1991)의 자원가설이 실증적으로 입증되었다고 볼 수 있다. 즉 노인소비자는 교육수준이 낮고, 나이가 많아서 무지하거나 순진해서 구매문제를 많이 경험하게 된다. 또한 소득이 낮고, 나이가 많아 일상생활수행능력과 건강생활수행능력이 낮은 노인소비자는 소비자정보 탐색에서 많은 제약이 있고, 자신이 익숙하지 않은 곳에서 구매하는 것을 겁내는 심리적 제약과 신용의 제약 때문에 구매문제를 더 많이 인식하고 경험하게 된다는 점이다. 소득수준과 용돈과 같은 경제적 자원과 교육수준과 같은 문제해결능력, 연령, 일상생활수행능력 및 건강생활수행능력과 같은 건강자원이 부족한 노인소비자들이 구매문제를 더 많이 인식하고 있다고 볼 수 있다. 그러므로 무지하고 제약이 많고, 자원이 부족한 노인소비자를 대상으로 하여 노인소비자의 구매문세 인식 유형별로 구분하여 소비자교육을 시킴으로써 노인소비자들의 구매문제를 해결할 수 있다는 점을 시사해주고 있다(Smith & Mochis, 1985).

노인소비자들은 1990년대에 비하여 구매문제를 더 많이 인식하고 있는 것으로 나타났다. 과거에 비하여 가족과 함께 사는 노인가계가 줄어들고 있고, 노인소비자들이 직접적인 구매활동도 많이 함에 따라 이러한 결과가 나왔다고 볼 수 있다. 그러므로 노인소비자들이 시장에서 차지하는 비중은 점점 더 증가한다는 점에서 노인소비자교육이 확대되어야 할 것이다.

노인소비자들이 인식하는 구매문제는 3집단으로 유형화되었기 때문에 집단의 특성에 맞는 맞춤형 소비자교육 프로그램이 개발되고 시행되어야 한다. 가장 많은 노인소비자들이 포함된 집단은 피해보상 및 계약 문제를 주로 인식하는 유형으로 전체의 56.4%가 포함되었다. 이 형은 남성보다 여성이 더 많이 포함되어 있고, 현재 배우자가 있는 노인이 더 많았다. 구매문제의 5영역이 중간수준이고 특히 피해 보상 및 계약과 관련된 문제를 주로 인식하고 있었다. 연령과 교육년수, 월평균 가계소득, 월평균용돈, 일상생활수행능력 및 건강생활수행능력 등도 중간 수준으로 나타났다. 그러므로 이 집단에 속하는 노인소비자들에게는 피해보상 및 계약과 관련된 문제를 중점적으로 교육하는 프로그램이 개발되어 시행되어야 한다.

22.6%의 노인소비자들이 포함됨으로써 두 번째를 차지한 구매문제를 적게 인식하는 형은 구매문제의 모든 영역을 3집단 중에서 가장 적게 인식하고 있었다. 여성보다 남성의 비율이 높았고 현재 배우자가 있는 경우가 월등히 많다. 나이가 가장 젊고 교육수준이 가장 높았고, 현재 동거하고 있는 가족의 수와 자녀의 수는 가장 적은 편이며 월평균 가계소득과 용돈이 가장 많았다. 3집단 중에서 자원은 가장 풍부하고 제약은 가장 적은 집단이다. 이 집단도 나이가 더 들수록 자원은 감소하고 제약은 증가할 것이므로 점점 구매문제를 더 많이 인식하게 될 것이다.

마지막으로 21.0%를 차지한 구매문제를 가장 많이 인식하는 유형은 가장 적은 수의 노인소비자가 포함되었다. 이 집단은 여성의 비율이 높고 현재 배우자가 없는 경우가 많다. 다른 집단에 비하여 나이는 가장 많았고 교육은 가장 적게 받은 것으로 나타났다. 월평균 가계소득과 용돈도 가장 적었다. 이 집단은 자원은 가장 부족하고 제약은 가장 많은 집단이므로 소비자교육이 가장 시급하게 이루어져야 할 집단이다. 이 집단을 위해서는 구매문제에 관한 모든 내용을 포괄적으로 다루는 소비자교육 프로그램이 개발되고 시행되어야 할 것이다.

교육이 노인소비자의 구매문제 인식과 관련이 있으므로 구매문제를 가장 많이 인식하는 유형은 교육수준이 가장 낮았다. 그러므로 평생교육기관이나 노인회관 등을 통하여 이 집단에 속하는 노인소비자들의 교육수준을 높이기 위한 교육을 시행함으로써 노인인력개발과 함께 노인소비자 문제도 동시에 해결할 수 있을 것이다. 조기퇴직과 명예퇴직을 하고 있는 예비노인들도 나이가 들면서 경제적 자원이 점점 감소하게 되면 구매문제도 더 많이 인식하게 될 가능성이 매우 높다. 따라서 이들을 대상으로 하여 재취업을 위한 교육프로그램을 개발하여 시행함으로써 노인소비자 문제를 예방할 수 있을 것이다.

월평균가계소득과 월평균용돈도 노인소비자의 구매문제 인식과 관련이 있었고 구매문제를 가장 많이 인식하는 유형은 월평균가계소득과 용돈이 가장 적었다. 그러므로 이 집단에 속하는 노인소비자들에게 일자리를 제공하기 위한 다양한 프로그램이 마련되어야 한다. 또한 나이가 너무 많거나 신체적인 제약 때문에 취업을 할 수 없고, 여러 가지 사정으로 자녀들이 도움을 기대할 수 없는 노인소비자들을 대상으로 하여 경제수준을 향상시킬 수 있는 다양한 복지프로그램이 시행되어야 할 것이다. 이러한 프로그램은 노인들의 경제적 복지수준을 향상시킬 수 있을 뿐 아니라 소비자문제도 해결함으로써 전반적인 삶의 질 향상에 기여할 수 있기 때문이다.

노인소비자들은 또한 배우자의 상실로 재정능력이 감소하거나 생활이 불안정해질 수 있고, 구매문제도 더 많이 인식하게 된다. 그러므로 성인기부터 소비자역할을 제대로 수행하는데 필요한 교육을 통하여 노인기를 대비할 수 있어야 한다. 일상생활수행능력과 건강생활수행능력은 노인소비자의 구매문제 인식과 관련을 맺고 있었다. 그러므로 노인들을 대상으로 하여 소비자교육과 건강교육을 함께 시행할 수 있는 프로그램이 개발되어야 한다.

# 제4장
# 노인소비자의 취업문제

2000년에 이미 고령화 사회에 진입한 우리나라는 2012년에는 고령인구가 14%를 넘어 고령사회가 되고, 2032년에는 고령인구가 20%를 넘는 초고령사회가 될 것이라고 예측을 하고 있다(김영신 외, 2007). 노인 인구의 급격한 증가는 국가적 측면이나 개인적 측면에서 여러 가지 문제점을 안겨주고 있다. 우선 경제활동에 참여할 수 있는 노동력의 부족으로 국가 전체의 경제성장이 둔화될 수 있고, 출산율의 감소에 따라 노동력이 있는 젊은층이 부양해야 하는 노인들의 수가 증가함에 따라 세금이나 연금부담에 대한 세대간의 갈등이 야기될 수 있다. 그리고 국민의 복지증진을 위해 노력하는 정부에서는 노인인구의 증가는 이들에 대한 의료비, 기초생활 보장을 위한 지원 등 결국 재정적 부담요인으로 작용한다.

이러한 인구의 고령화와 관련된 문제를 해결하기 위한 방안 중 하나가 노인의 취업이다. 우리나라는 1980년대 후반기부터 1997년까지 10년간 연평균 2.5% 전후의 낮은 실업율을 유지하였다. 그러나 1997년 후반기에 들이닥친 외환위기로 발생한 경기침체가 현재까지 지속되어 많은 기업이 도산하였고 구조조정, 인수, 합병으로 실업자가 대량으로 양산되고 있다(이명운, 1998). 이러한 대량해고 과정에서 관리자급을 포함한 많은 수의 중고령자가 정년을 채우지 못하고 조기퇴직을 하게 되었다(김학주·우경숙, 2004). 이러한 상황에서 고령자의 취업문제는 매우 중요한 사회적 과제가 되었다. 특히 우리나라처럼 고령자들을 위한 사회복지가 부족한 상황에서 취업을 통한 소득증대가 가지는 의미는 더욱 크다고 볼 수 있다.

개인적인 측면에서 볼 때, 노인의 취업은 가계의 근로소득을 통해 안정적인 경제생활을 유지하게 하며, 심리적 만족감과 생활의 활력소를 증진시킬 수 있기 때문에 개인의 삶의 질 향상에 기여할 수 있다. 국가적인 측면에서도, 노인의 직업생활 참여는 미래에 닥칠 노동력 부족 현상에 대한 해결책이 될 수 있을 뿐만 아니라 노인들 스스로 경제활동에 참여함으로써 자신의 기본적인 생활을 해결하고 경제, 사회발전에 참여할 수 있는 기회를 제공하기 때문이다. 우리나라의 경우에도 노인 복지정책에 있어서 노인에 대한 직접적인 금전적 지원 뿐만 아니라 노인 일자리 창출을 통해 노인의 취업을 지원하는 생산적 방향으로 나아가고 있다(재정경제부, 2004). 그러므로 노인의 취업은 생산적인 복지개념으로서 노인복지를 실현하는 중요한 방법이라고 볼 수 있다.

고령자 일자리 창출사업은 고용노동부, 보건복지부, 고육과학기술부, 중소기업청 등 여러 부처가 동시에 수행하고 있다. 이 중 65세 이상 노인을 위한 일자리 사업은 『노인복지법』 제 23조(노인사회참여지원)와 제 23조의2(노인일자리전담기관의 설치·운영 등)에 근거하여 보건복지부가 주도적으로 하고 있는 사업을 일컫는다. 보건복지부의 노인일자리사업 현황은 <표 4-1>과 같다.

노인일자리는 공공분야 일자리인 공익형, 교육형, 복지형과 민간분야 일자리인 시장형, 인력파견형, 창업모델형으로 구분해 볼 수 있다. 정부는 지난 3년간 매년 20만개에 못 미치는 일자리를 제공하여 왔다. 현재 정부의 노인 일자리사업은 공공일자리가 약 90%로 절대다수를 차지하고 있는데, 공공일자리의 경우는 대체로 7개월 동안 제공되는 한시적 단순 노무에 그치고 있어, 정기적인 노후소득으로 평가되기 어렵다는 문제가 있다.

<표 4-2>에는 노인을 위한 민간 일자리 창출사업이 제시되어 있다. 민간노인을 대상으로 한 민간분야 일자리 창출사업은 지자체, 노인 일자리전담기관인 한국시니어클럽협회와 (사)대한노인회 취업지원센터(이하 취업지원센터)에서 수행하고 있다(원시연, 2012).

<표 4-1> 정부의 노인 일자리사업 현황

(단위: 개, 백만원)

| 구분 | 일자리 수 | | | 예산 | | | 수행기관 |
|---|---|---|---|---|---|---|---|
| | 소계 | 공공 | 민간 | 소계 | 공공 | 민간 | |
| 2009 | 199,094 | 177,368 | 21,726 | 134,986 | 126,232 | 8,754 | 1,115 |
| 2010 | 189,183 | 169,183 | 20,000 | 129,556 | 120,900 | 8,656 | 1,136 |
| 2011 | 196,999 | 176,999 | 20,000 | 133,494 | 126,530 | 6,964 | 1,214 |

자료: 보건복지부 내부자료(2011)

<표 4-2> 민간 노인일자리 추진기관 현황

(단위: 개소)

| 구분 | | 개소수 | 법적근거 | | 민간일자리 창출활동 특징 |
|---|---|---|---|---|---|
| | | | 법률 | 조례 | |
| 지자체 | 고령자취업알선센터 | 19 (서울) | 『노인복지법』 제23조의2 | 유 | 취업알선 |
| | 노인일자리 창출지원센터 | 6 (영남) | | 무 | 박람회 |
| | 노인인력개발센터 | 6 (인천) | | 유 | 박람회 |
| | 고령인력종합관리센터 | 1 (부산) | | 무 | 박람회 |
| | 노인일자리추진본부 | 1 (전북) | | 무 | 박람회 |
| 시니어 클럽 | 지역시니어클럽 | 95 (전국) | 『노인복지법』 제23조의2 | | 소규모창업, 취업알선, 시장형, 인력파견형, DB운영·지원 |
| | 직능시니어클럽 | 2 (서울) | 『노인복지법』 제23조의2 | | 설치기관 퇴직인력 경륜활용 |
| 대한노인회 취업지원센터 | | 249 (전국) | 『노인복지법』 제23조의2 | | 취업알선, DB운영, 구인처 개발 |

자료: 한국노인인력개발원 내부자료(2011.6)를 필자가 수정하여 재구성함

노인의 취업에 대해 연구한 국내 연구들을 살펴보면, 많은 수의 연구들이 노인 인력의 활용방안, 현행 노인 관련 정책에 대한 분석이나 대안 마련, 인구 고령화에 따른 노동시장의 변화에 대처하기 위한 노동 정책 등과 같은 문헌연구가 주를 이루고 있으며(김동배 외, 2004; 김학주, 우경숙, 2004; 방하남 외, 2005; 장지연 외, 2004), 노인의 취업을 다룬 실증연구(전지원, 박미석, 2006a; 2006b)는 소수에 불과하다.

한편 노인의 취업은 노인가계에 근로소득을 추가함에 따라 가계 경제생활에

큰 영향을 미친다. 노인의 취업유무에 따라 가계소득과 소비지출의 차이를 다룬 연구들(김연정, 1998; 성영애, 양세정, 1997; 양세정, 성영애, 2001; 이윤금, 1999; 임정빈, 김윤희, 2000; 정순희, 김현정, 2002; Moehrle, 1990; Rubin and Nieswaiadomy, 1994)은 많이 진행되었는데, 이들은 공통적으로 2차 자료를 사용하여 분석하였으며 노인이 취업한 가계가 취업하지 않은 가계에 비해 경제상태가 좋다고 설명하였다.

## 1. 노인소비자의 취업 실태

노인복지 실현의 방법으로서 노인의 직업활동 참여를 장려하는 배경에는 현대사회가 지향하는 복지이념에서도 그 이유를 찾을 수 있다. 현대사회는 국가중심 복지 공급방식에서 벗어나 국민 스스로 복지생산의 주체가 되고 복지제공의 주체가 되어야 한다는 개념인 생산적 복지(Esping-Andersen, 1996)를 지향한다. 생산적 복지는 국민의 기초적인 생활을 보장함과 동시에 자립적이고 주체적으로 경제·사회활동에 참여할 수 있는 기회를 확대함으로써 삶의 질을 향상시키고 사회발전을 추구하는 이념이다(재정경제부, 1999). 즉, 노인 복지정책도 금전적 지원 뿐만 아니라 노인의 직업활동 참여를 지원할 수 있는 생산적 복지의 방향으로 나아가야 할 것이다. 이러한 노력은 국가가 전담해야하는 복지 부담을 지속적으로 상쇄할 수 있는 복지정책이기 때문이다. 이러한 차원에서 참여정부는 노인복지 4대 핵심국정과제로 노인일자리 창출을 선정하였고, 2006년의 경우 8만개 창출을 목표로 추진하였다. 현 정부 역시 노인 일자리 사업을 계속 확대할 예정인데, 보건복지가족부에 의하면 2008년 올해 문화재 지킴이 사업 등 공익형 사업을 통해 4만 6천여개, 소외계층 도우미 사업에 4만 1천여개, 간병인 사업 등을 통해 1만 1700여개 등 모두 11만 7천여개의 일자리를 새로 만들 것이라고 하였다("노인 일자리 사업 확대", 2008).

노인의 직업활동 참여 및 인력활용 활성화에 대한 논의는 2002년 고령화에 대한 범지구적 대책을 천명한 UN 마드리드 선언에서 본격화되었다고 할 수 있다(보건복지부, 2002). 노인의 생산성과 역할에 대한 재평가를 강조한 UN 마드리드 선언은 노인의 생산성을 발휘할 수 있는 직업활동 참여에 대한 논의를 구체화하는데 기여하였다. 즉, 노인을 무능하고 의존적으로 보는 관점에서 탈피하여 건강하고 독립적이며 생산적인 존재라는 인식의 전환이 이루어져 긍정적으로 노인을 바라보는 사회분위기 조성에 기여하였다. 이러한 맥락에서 볼 때, 노인의 직업활동 참여는 노인 자신의 삶에서 가치와 역할을 찾게 될 뿐 아니라 사회자원으로서의 활용 가능성을 모색토록 하는 중요한 주체이자 시대적 요구에 대한 적절한 대처라고 평가할 수 있다.

노인의 취업에 대한 선행연구들을 고찰한 결과 가장 많이 이루어진 분야는 노인 인력의 활용방안 및 활성화, 현행 정책과 제도, 전달체계 분석 및 대안 마련에 대한 연구들이다. 예를 들면 김동배 외(2004)는 노인의 소득을 창출하기 위한 직업능력 개발을 연구하였고, 김학주, 우경숙(2004)은 중고령자의 재취업 결정요인을 밝혔다. 인구 고령화가 진행되면서 노동시장이 어떠한 변화를 보이고, 이러한 변화에 대처하기 위하여 어떠한 노동정책을 시행하여야 하는지를 분석한 연구들(장지연 외, 2004; 방하남 외, 2005)도 이루어졌다.

윤순덕(2004)은 농촌 노인의 생산적 활동과 심리적 복지를 연구하였는데, 여기서 노인의 취업활동과 자원봉사활동, 가족 및 타인에게 도움을 주는 활동, 가사활동, 시민참여 활동 등 비경제적인 활동까지를 포함한 생산적 활동을 분석하였다. 전지원, 박미석(2006a)은 노인의 직업활동 활성화 방안을 제시하기 위해 실증연구를 통하여 전 직종을 대상으로 노인의 직업생활 현황과 직업활동 지원 정책 및 관련 서비스에 대한 인식 수준을 분석하였다.

### 1) 과거 직업과 현재의 취업상태

<표 4-3>은 조사대상자들의 과거 직업과 현재의 취업상태를 보여주고 있다. 과거에 종사했던 직업분류 중에 주부가 23.1%로 나타났는데, 이들은 현재 취업상태에서 미취업으로 분류하였다. 과거 직업에 있어서는 농/임/어/축산업이 21.0%로 높게 나타났고, 자영업(17.1%), 생산직(11.0%)의 순이었으며 나머지 직업은 모두 7%이하로 낮게 나타났다. 농업, 축산업 및 임업의 경우 울산시가 도농복합도시이기 때문에 많다고 볼 수 있고, 어업의 경우 바다를 끼고 있기 때문이라고 볼 수 있다. 현재의 취업상태에 대하여 조사한 결과, 직업이 없는 경우

가 75.4%로 직업이 있는 경우인 24.6%보다 더 높게 나타나 많은 수의 노인들이 현재 직업이 없음을 알 수 있다.

<표 4-3> 과거 직업과 현재 취업상태

| 분 류 | | N | % |
|---|---|---|---|
| 과거 직업 | 농/임/어/축산업 | 103 | 21.0 |
| | 자영업 | 84 | 17.1 |
| | 판매업 | 27 | 5.5 |
| | 영업직 | 9 | 1.8 |
| | 기술직 | 34 | 6.9 |
| | 사무직 | 28 | 5.7 |
| | 경영.관리직 | 11 | 2.2 |
| | 전문직 | 12 | 2.5 |
| | 생산직 | 54 | 11.0 |
| | 주부(미취업에 분류) | 113 | 23.1 |
| | 기타 | 15 | 3.1 |
| | 계 | 490 | 100.0 |

| 분 류 | | N | % |
|---|---|---|---|
| 현재 취업 상태 | 미취업 | 376 | 75.4 |
| | 취업 | 123 | 24.6 |
| | 계 | 499 | 100.0 |

### 2) 취업노인의 고용실태

<표 4-4>에는 조사대상 노인들 중에서 취업한 노인만을 대상으로 이들의 고용형태, 월평균 급여, 근무시간, 직업만족도를 보여주고 있다. 현재 취업한 노인들의 고용형태는 정규직이 49.2%로 높게 나타났으며, 임시직 중에서도 시간제(13.1%) 보다 종일제(33.6%)에 근무하는 경우가 더 높은 비율을 보였다.

월평균 급여수준은 100만원 미만이 41.3%로 가장 많았으며, 그 다음은 100~200만원 미만(33.1%)으로 나타나서 취업노인의 75%가 200만원 미만의 임금을 받으며 일하고 있는 것을 알 수 있다. 반면 월평균 300만원 이상의 급여를 받는 사람은 취업노인의 11.6%에 불과하였다. 1일 근무시간은 근로기준법에 의해 8시간을 기준으로 분류한 결과, 9~12시간이 49.5%로 가장 높게 나타났고, 8시간 근무는 약 33%였으며, 13시간 이상도 5.8%로 나타났다. 현재 직업 만족도를 조사한 결과, 보통이라고 응답한 비율이 45.5%로 가장 높았고, 만족한다는 응답은 36.4%로 나타나 불만족하는 노인보다 만족하는 노인이 많은 것으로 조사되었다. 심층면접에서도 오랜 시간 일하고 월급은 70-80만원 받아도 만족한다고 하였다.

<표 4-4> 취업노인의 고용형태 및 실태

| 분류 | | N | % | 분류 | | N | % |
|---|---|---|---|---|---|---|---|
| 고용형태 | 정규직 | 60 | 49.2 | 1일 근무시간 | 1~7시간 | 14 | 11.6 |
| | 임시직(시간제) | 16 | 13.1 | | 8 시간 | 40 | 33.1 |
| | 임시직(종일제) | 41 | 33.6 | | 9~12시간 | 60 | 49.5 |
| | 기타 | 5 | 4.1 | | 13시간 이상 | 7 | 5.8 |
| | 계 | 122 | 100.0 | | 계 | 121 | 100.0 |
| 월평균 급여 수준 | 100만원 미만 | 50 | 41.3 | 현재 직업 만족도 | 매우 만족 | 3 | 2.5 |
| | 100~200만원 미만 | 40 | 33.1 | | 만족 | 44 | 36.4 |
| | 200~300만원 미만 | 17 | 14.0 | | 보통 | 55 | 45.5 |
| | 300만원 이상 | 14 | 11.6 | | 불만족 | 17 | 14.0 |
| | | | | | 매우 불만족 | 2 | 1.7 |
| | 계 | 121 | 100.0 | | 계 | 121 | 100.0 |

### 3) 취업희망 여부 및 구직 관련사항

<표 4-5> 취업희망여부 및 구직 관련사항

| 분류 | | N | % | 분류 | | N | % |
|---|---|---|---|---|---|---|---|
| 취업 희망 여부 | 그렇다 | 100 | 23.4 | 희망하는 퇴직시점 | 65세 이하 | 136 | 27.9 |
| | 보통이다 | 42 | 9.8 | | 66~70세 | 198 | 40.7 |
| | 아니다 | 285 | 66.7 | | 71세 이상 | 153 | 31.4 |
| | 계 | 427 | 100.0 | | 계 | 487 | 100.0 |
| 구직시 우선 고려 기준 | 임금수준 | 138 | 30.7 | 희망하는 근무 형태 | 시간제 근무 | 124 | 27.0 |
| | 과거 직업 및 경험과의 관련성 | 78 | 17.4 | | 종일제 근무 | 79 | 17.2 |
| | | | | | 소일거리 | 218 | 47.5 |
| | 일의 양과 시간대 | 160 | 35.6 | | 자영업.자원봉사 | 38 | 8.2 |
| | 직업활동의 직업여부 | 14 | 3.1 | | 계 | 459 | 100.0 |
| | 집과의 거리 | 59 | 13.1 | | | | |
| | 계 | 449 | 100.0 | | | | |

<표 4-5>에는 조사대상자들의 취업희망 여부와 구직과 관련된 정보들을 제시하고 있다. 조사대상들 가운데 취업을 희망하는 경우는 23.4%로 취업을 희망하지 않은 경우(67%)가 더 많은 것으로 나타났다. 노인들이 취업을 원하지 않는 이유에 대해 심층 면접하였는데, 자신에게 마땅한 직업을 찾기가 힘들거나 혹은 집안 일 때문에 일을 할 수 없다, 건강이 좋지 않아서 일을 할 수 없다고 대답하였다. 또한 구직 시 중요하게 생각하는 기준을 조사한 결과, 일의 양과 시간대(약 36%)가 가장 많았고 다음이 임금수준(31%), 과거 직업과의 관련성(17%), 집과의 거리(13%) 순으로 나타났다. 조사대상자들이 밝힌 희망하는 퇴직시점은

66~70세로 응답한 비율이 약 41%로 가장 많았고 71세 이상으로 응답한 비율도 약 31%나 달하는 것으로 조사되었다. 희망하는 근무 형태의 경우, 소일거리로 응답한 비율이 약 48%로 가장 많았고 주 5일 이상 근무하는 종일제 근무(17%)보다는 주 2-3일 근무하는 시간제 근무(27%)를 선호하는 것으로 조사되었다.

#### 4) 노인의 취업 요구도

노인들의 취업 희망여부에 관한 결과는 <표 4-6>과 같다. 취업을 원하지 않은 노인은 44.5%로 가장 많았고, 취업을 전혀 하고 싶어 하지 않는 경우도 22.2%였다. 취업을 희망하는 노인은 20.8%, 간절히 희망하는 노인은 2.6%에 불과했다.

일반적으로는 노인들이 취업을 희망하는 경우가 많다고 하는데, 울산의 경우에는 취업을 원하지 않는 노인의 비율이 2/3 정도나 차지하여 그러한 결과가 발생된 원인을 분석해봐야 할 것이다. 노인들이 단순히 개인적 차원에서 그저 일을 하고 싶어 하지 않은 것인지, 또는 울산 지역 산업의 특수성에 기인한 결과인지를 추후 밝힐 필요가 있다.

특히 보수적 성향이 강한 울산 지역의 특성상 아직은 직장은 남성의 일이고 집안일은 여성의 일이라고 여기는 성역할관이 작용한 결과일 가능성도 높다. 또한 자녀들이 많고 함께 동거하는 노인가계의 경우 자녀들이 노부모가 일하는 것을 불효라고 생각하여 노부모가 취업하는 것을 말리거나 또는 본인들이 스스로 창피하게 생각하기 때문에 취업요구도가 낮다고 해석할 수 있다.

<표 4-6> 노인의 취업 희망 정도

| 분 류 | N | % |
|---|---|---|
| 매우 그렇다 | 11 | 2.6 |
| 그렇다 | 89 | 20.8 |
| 보통이다 | 42 | 9.8 |
| 그렇지 않다 | 190 | 44.5 |
| 전혀 그렇지 않다 | 95 | 22.2 |
| 계 | 427 | 100.0 |

<표 4-7>에는 사회인구학적 변수에 따라 취업을 희망하는 정도가 차이가 나는지 알아보기 위해 t-검증과 분산분석을 한 결과가 제시되어 있다. 종교를 제외한 모든 변수에서 재취업을 희망하는 정도가 의미 있는 차이를 보였다. 성별과 배우자 유무 상태에서 매우 유의한 차이가 났다($p<.001$). 여성보다는 남성의

재취업 요구도가 높게 나타났고, 배우자가 있는 경우가 그렇지 않은 경우보다 재취업을 희망하는 정도가 높게 나타났다.

연령과 교육수준에서도 매우 의미 있는 차이를 보였는데(p<.001), 55~64세 집단의 평균이 가장 높았고, 75세 이상 집단이 가장 낮게 나타났다. 교육수준에서는 고졸 이상인 집단의 재취업 요구도가 가장 높게 나타났고, 무학이 가장 낮게 나타나 학력이 높을수록 재취업을 희망하는 정도가 높음을 알 수 있다.

세대구성에서는 부부로만 구성되어 있는 경우가 다른 집단보다 높게 나타났다(p<.01). 현재 동거 가족수를 살펴보면 3~4명인 집단이 가장 높게 나타났고, 5명 이상인 집단이 가장 낮았다. 자녀수에서도 매우 유의한 차이를 보였는데(p<.001), 자녀의 수가 3명인 집단의 재취업 요구도가 가장 높게 나타났고, 5명 이상인 집단은 취업을 희망하는 정도가 가장 낮게 나타났다.

<표 4-7> 사회인구학적 변수에 따른 취업 희망 정도 간의 평균 검증

| | | M | SD | | t-value |
|---|---|---|---|---|---|
| 성별 | 남성 | 2.71 | 1.12 | | 5.561*** |
| | 여성 | 2.12 | 1.05 | | |
| 배우자유무 | 유 | 2.58 | 1.15 | | 5.072*** |
| | 무 | 2.05 | 0.98 | | |
| | | M | SD | Scheffe | F비 |
| 연령 | 55~64세 | 2.83 | 1.22 | a | 25.064*** |
| | 65~74세 | 2.38 | 1.09 | b | |
| | 75세 이상 | 1.85 | 0.78 | c | |
| 교육수준 | 무학 | 1.97 | 1.00 | a | 11.143*** |
| | 초졸 | 2.30 | 1.05 | a | |
| | 중졸 | 2.39 | 1.13 | a | |
| | 고졸 이상 | 2.86 | 1.15 | b | |
| 종교 | 무교 | 2.36 | 1.08 | | 0.189 |
| | 불교 | 2.36 | 1.11 | | |
| | 기독교 | 2.45 | 1.25 | | |
| 세대구성 | 본인세대와 자녀 | 2.29 | 1.12 | a b | 4.491** |
| | 부부만 | 2.57 | 1.16 | b | |
| | 기타 | 2.19 | 1.03 | a | |
| 현재 동거 가족수 (본인포함) | 1~2명 | 2.41 | 1.14 | a b | 3.614* |
| | 3~4명 | 2.53 | 1.26 | b | |
| | 5명 이상 | 2.12 | 0.87 | a | |
| 자녀수 | 2명 이하 | 2.55 | 1.21 | a | 5.828*** |
| | 3명 | 2.59 | 1.15 | a | |
| | 4명 | 2.34 | 1.12 | a b | |
| | 5명 이상 | 2.04 | 0.93 | b | |

p<.05*, p<.01**, p<.001***

### 5) 직업을 가지지 않는 이유

현재 직업을 가지고 있지 않은 노인들을 대상으로 하여 직업을 가지지 않는 이유를 조사한 결과가 <표 4-8>에 제시되어 있다. 일을 하고 싶지 않아서가 28.8%로 가장 높게 나타났는데, 그다지 마땅한 자리라고 생각되지 않아서도 24.5%, 가사, 가족원 수발 등의 집안일 때문에도 21.2%로 비슷한 비율로 나왔다. 몸이 아파서 직업을 가지지 않는 경우도 14.0%이고, 가족이 반대해서도 7.8%로 나타났다. 그 외 이유로는 경제적 여유가 있어서 2.4%, 나이가 많아 일할 곳이 없어서 1.1%, 월급이 적어서 0.3%의 순이었다.

즉, 노인이 직업을 가지지 않는 이유 중에는 경제적 여유, 집안일, 가족의 반대, 건강이 좋지 않고, 일을 하고 싶지 않아서와 같은 개인적 이유가 대부분이지만, 일을 원하나 마땅한 자리가 없고, 월급이 적어, 그리고 일을 할 곳이 없기 때문에 구직을 스스로 포기하기도 한다. 그러므로 노인 취업에 관한 지역사회의 관심과 대책이 필요하다.

<표 4-8> 직업을 가지지 않는 이유

| 분 류 | N | % |
|---|---|---|
| 그다지 마땅한 자리라고 생각되지 않아서 | 91 | 24.5 |
| 경제적 여유가 있어서 | 9 | 2.4 |
| 월급이 적어서 | 1 | 0.3 |
| 집안일 때문에(가사, 가족원 수발) | 79 | 21.2 |
| 가족이 반대해서 | 29 | 7.8 |
| 일을 하고 싶지 않아서 | 107 | 28.8 |
| 몸이 아파서 | 52 | 14.0 |
| 나이가 많아 일할 곳 없음 | 4 | 1.1 |
| 계 | 372 | 100.0 |

### 6) 구직 시 고려요인

<표 4-9> 구직 시 고려요인

| 분류 | N | % |
|---|---|---|
| 임금수준 | 138 | 30.7 |
| 과거 직업 및 경험과의 연관성 | 78 | 17.4 |
| 일의 양과 시간대 | 160 | 35.6 |
| 직업 활동의 지속여부 | 14 | 3.1 |
| 집과의 거리 | 59 | 13.1 |
| 계 | 449 | 100.0 |

구직 시 고려요인을 분석한 결과는 <표 4-9>에 제시되어 있다. 구직 시 고려요인으로 일의 양과 시간대가 35.6%로 가장 높게 나타났다. 현재 노인들이 가장 많이 하고 있는 일이 경비일인데, 근무시간이 길뿐 아니라 야간에도 근무해야 하기 때문에 이러한 결과가 나왔다고 해석할 수 있다. 그 밖에 임금수준도 30.7%로 높게 나타났고, 과거 직업 및 경험과의 연관성 17.4%, 집과의 거리도 13.1%를 차지하였으나, 직업활동의 지속여부는 3.1%로 가장 낮게 나타났다. 그러므로 노인들의 취업에 대한 눈높이가 상당히 높다는 것을 알 수 있었다. 이러한 눈높이는 노인들로 하여금 취업을 포기하게 하는 중요한 요인이 될 수 있다.

### 7) 희망하는 근무형태

희망하는 근무형태에 대하여 조사한 결과는 <표 4-10>에 나와 있다. 돈 액수와 상관없이 소일거리로 일하고 싶어 하는 경우가 47.5%로 과반수를 차지하고 있었다. 시간제 근무는 27.0%로 두 번째로 높았고, 종일제 근무는 17.2%에 불과하였다. 선진국의 노인들이 많이 하는 자원봉사는 2.8%로 가장 낮았다. 이러한 결과를 보면 울산광역시 노인들의 취업의식은 낮다고 볼 수 있다.

<표 4-10> 희망하는 근무형태

| 분류 | N | % |
|---|---|---|
| 시간제 근무 | 124 | 27.0 |
| 종일제 근무 | 79 | 17.2 |
| 소일거리 | 218 | 47.5 |
| 자영업 | 25 | 5.4 |
| 자원봉사 | 13 | 2.8 |
| 계 | 459 | 100.0 |

### 8) 노인들의 직업 참여 예상 여부

향후 노인들의 직업 활동 참여에 대한 예상여부를 조사한 결과는 <표 4-11>에 제시되어 있다. 노인들의 직업 활동이 증가할 것이라고 응답한 경우가 43.5%를 차지하고 있었다. 지금과 다르지 않을 것이라고 예상한 경우는 27.3%로 나타남으로써 앞으로 노인의 직업 활동이 증가할 것으로 기대하고 있음을 알 수 있다.

<표 4-11> 향후 노인들의 직업 참여 예상 여부

| 분류 | N | % |
|---|---|---|
| 지금과 다르지 않다 | 135 | 27.3 |
| 노인들의 직업 활동 증가 | 215 | 43.5 |
| 한정된 직업분야만 노인 참여 증가 | 44 | 8.9 |
| 모든 직업분야 골고루 취업 | 28 | 5.7 |
| 모르겠다 | 72 | 14.6 |
| 계 | 494 | 100.0 |

## 2. 노인의 인구통계학적 변수와 취업유무

노인의 취업에 영향을 미치는 요인에 관한 관련 연구들은 다음과 같다. 김학주, 우경숙(2004)은 중고령자를 대상으로 한 연구에서 남성일수록, 연령이 낮을수록, 교육수준이 낮을수록, 가족구성원수가 적을수록 노인의 재취업 가능성은 높아지는 것으로 설명하였다. 어수봉(1994)도 여성노인에 비하여 남성노인이 재취업을 할 가능성이 높아진다고 하였고, 실업급여 수급권자의 재취업을 조사한 김진욱(1998)과 우리나라 실업자의 특성을 분석한 라윤정(1993)의 연구 또한 조사대상자들의 교육수준이 높을수록 재취업을 할 가능성이 낮아진다고 하였다.

Howland와 Peterson(1988)은 연령, 교육수준, 성, 기혼여부 등의 변수들이 노인의 재취업에 유의미한 영향을 미친다고 하였고, 교육수준이 높을수록 직무수행능력과 생산성이 높다는 연구들(금재호, 1992; 어수봉, 1994; Wadworth, 1999)도 있었다.

이상의 선행연구에 기초해 볼 때, 노인의 취업에 영향을 주는 인구통계학적 변수들로는 성별, 연령, 교육수준, 가족원수, 결혼상태 등으로 정리할 수 있다.

<표 4-12>에는 조사대상자들의 인구통계학적 변수는 노인들의 취업유무와 관련이 있는가를 분석하기 위해 교차분석을 실시한 결과가 제시되어 있다. 분석 결과 노인들의 취업 유무는 종교를 제외한 모든 변수에서 유의한 차이를 보였다. 성별은 취업유무와 유의한 관련이 있는 것으로 나타났는데, 취업자의 경우 남성노인이 더 많으며, 비취업자의 경우는 여성노인이 많은 비율을 차지하였다. 이러한 연구결과는 김학주, 우경숙(2004) 및 어수봉(1994)의 연구결과와 일치하였다.

<표 4-12> 인구통계학적 변수와 취업유무간의 교차분석

| 구분 | | 취업 N ( % ) | 미취업 N ( % ) | $X^2$ |
|---|---|---|---|---|
| 성별 | 남성 | 81 ( 65.9) | 146 ( 38.8) | 27.296*** |
| | 여성 | 42 ( 34.1) | 230 ( 61.2) | |
| | 계 | 123 (100.0) | 376 (100.0) | |
| 연령 | 55 ~ 64세 | 85 ( 69.7) | 93 ( 24.7) | 85.568*** |
| | 65 ~ 74세 | 32 ( 26.2) | 177 ( 47.1) | |
| | 75세 이상 | 5 ( 4.1) | 106 ( 28.2) | |
| | 계 | 122 (100.0) | 376 (100.0) | |
| 교육수준 | 무학 | 8 ( 6.5) | 91 ( 24.2) | 18.975*** |
| | 초졸 | 41 ( 33.3) | 114 ( 30.3) | |
| | 중졸 | 40 ( 32.5) | 92 ( 24.5) | |
| | 고졸 이상 | 34 ( 27.6) | 79 ( 21.0) | |
| | 계 | 123 (100.0) | 376 (100.0) | |
| 종교 | 무교 | 43 ( 35.0) | 105 ( 28.0) | 2.819 |
| | 불교 | 66 ( 53.7) | 211 ( 56.3) | |
| | 기독교 | 14 ( 11.4) | 59 ( 15.7) | |
| | 계 | 123 (100.0) | 375 (100.0) | |
| 결혼상태 | 배우자있음 | 99 ( 83.2) | 216 ( 58.4) | 24.189*** |
| | 배우자없음 | 20 ( 16.8) | 154 ( 41.6) | |
| | 계 | 119 (100.0) | 370 (100.0) | |
| 세대구성 | 본인세대와 자녀 | 48 ( 39.0) | 137 ( 36.4) | 9.411** |
| | 부부만 | 56 ( 45.5) | 131 ( 34.8) | |
| | 기타 | 19 ( 15.4) | 108 ( 28.7) | |
| | 계 | 123 (100.0) | 376 (100.0) | |
| 현재 동거 가족수 (본인포함) | 1 ~ 2명 | 73 ( 59.3) | 204 ( 54.3) | 25.888*** |
| | 3 ~ 4명 | 43 ( 35.0) | 77 ( 20.5) | |
| | 5명 이상 | 7 ( 5.7) | 95 ( 25.3) | |
| | 계 | 123 (100.0) | 376 (100.0) | |
| 자녀수 | 2명 이하 | 53 ( 43.1) | 77 ( 20.5) | 31.314*** |
| | 3명 | 31 ( 25.2) | 98 ( 26.1) | |
| | 4명 | 26 ( 21.1) | 93 ( 24.7) | |
| | 5명 이상 | 13 ( 10.6) | 108 ( 28.7) | |
| | 계 | 123 (100.0) | 376 (100.0) | |

**p<.01, *** p<.001

연령도 노인의 취업유무와 유의한 관련이 있었다. 연령이 55 ~ 64세 집단은 취업한 경우가 69.7%로 많은 반면, 65세 ~ 74세 집단과 75세 이상 집단은 비취업자가 많았다. 김학주, 우경숙(2004) 및 Howland와 Peterson(1988)의 연구결과에서도 젊은 노인들이 나이가 많은 노인들보다 취업을 더 많이 하는 것으로 나타났다.

조사대상자의 교육수준도 취업유무와 유의한 관련이 있었다. 취업노인의 경우 초등학교 졸업자가 33.3%로 가장 많았고, 그 다음이 중학교 졸업집단(32.3%), 고등학교 이상 졸업집단(27.6%)의 순서로 조사되었다. 이것은 노인들에게 제공되는 일자리가 단순노동, 농림수산업 등 고학력자가 할 수 있는 일보다는 저학력자가 할 수 있는 일이 더 많기 때문인 것으로 해석할 수 있다. 김학주, 우경숙(2004), 김진욱(1998), 라윤정(1993)의 연구에서도 교육수준이 낮은 노인들의 취업률이 높은 것으로 보고되었다. 비취업자의 경우 초등학교가 30.3%로 가장 많았고 다른 세 집단은 비슷하였다.

노인들의 결혼상태 또한 취업유무와 유의한 관련이 있었다. 취업한 노인의 경우 연령이 상대적으로 적기 때문에 배우자가 있을 확률이 높은 것으로 보여진다. 취업하지 않은 노인의 경우에도 배우자가 있는 사람이 배우자가 없는 사람보다 약간 더 많았다.

세대구성도 노인의 취업유무와 유의한 관련이 있었다. 즉 취업한 경우에는 부부만으로 구성되어 있는 집단이 45.5%로 가장 많았고, 그 다음은 본인세대와 자녀로 구성된 집단이었다. 그러나 취업하지 않은 경우는 본인세대와 자녀로 구성된 집단이 가장 많았고, 그 다음이 부부만으로 구성된 집단이었다. 전반적으로 보면 부부만 살고 있는 노인의 경우 생계를 위하여 취업을 더 많이 하고 있다고 볼 수 있다.

현재 동거하는 가족수도 취업유무와 의미있는 관련을 보였다. 노인이 취업한 경우 현재 동거 가족수가 1~2명인 집단이 59.9%로 가장 많았고, 다음은 가족원수가 3~4명인 집단이있다. 노인이 취업하지 않은 경우에는 동거 가족수가 1~2명이 집단이 54.3%로 가장 많았고 다음은 가족원수가 5명이상인 집단이었다.

마지막으로 자녀수도 노인의 취업유무와 유의한 관련이 있었는데, 취업한 경우에는 자녀수가 2명 이하인 집단이 43.1%로 다른 집단에 비해 많은 것으로 나타났다. 노인이 취업하지 않은 경우에는 자녀의 수가 5명 이상인 집단이 28.7%로 가장 많았으나, 다른 집단간에는 큰 차이는 없는 것으로 나타났다.

## 3. 노인의 취업과 가계 경제생활

노인가계의 재정상태를 분석한 선행연구들은 노인가계를 동질적인 집단으로 간주하여 단순히 노인가계와 비노인가계의 비교에 주된 관심을 두고 이루어졌으며(문숙재 외, 1996; 성영애, 양세정, 1997; 임정빈, 김윤희, 2000), 대부분 은퇴준비를 위한 재무계획 수립의 기초연구를 목적으로 행해졌다(김순미, 1998; 문숙재, 김순미, 1997; 여윤경, 1999).

취업여부에 따라 노인가계의 소비지출패턴을 비교한 연구들은 다음과 같다. Moehrle(1990)은 저소득층 노인가계에 대한 연구에서 취업노인가계가 비취업노인가계에 비해 25%나 더 큰 소비지출을 보였다고 하였다. Rubin과 Nieswaidomy(1994)도 50세 이상의 노인가계를 대상으로 취업가계와 은퇴가계로 구분하여 두 집단간 소비지출패턴의 차이점을 규명한 결과, 노인의 취업여부가 소비지출을 결정하는 중요한 변수라고 하였다. Weagley와 Huh(2004)는 1995년 Consumer Expenditure Survey자료를 가지고 가구주의 은퇴가 가계의 레저지출에 미치는 영향을 분석한 결과, 가구주가 은퇴한 가계, 가구주의 교육수준이 높을수록, 가계소득의 대리변수로서 가계의 총지출이 증가할수록 가계의 레저지출은 증가하는 것으로 나타났다.

김연정(1998)은 1994년도 한국가구패널조사를 이용하여 은퇴노인가계와 취업노인가계의 소득, 지출 및 자산을 비교 분석한 결과, 은퇴노인가계의 총소득은 취업노인가계보다 적으나 소비지출수준은 비슷하며, 자산은 은퇴가계가 더 많이 보유하고 있는 것으로 나타났다. 이윤금(1999)은 노인가계의 식료품비 지출에 대해 연구하였는데, 취업노인가계와 비취업 노인가계간에 가정내 식료품비의 지출에는 차이가 나타나지 않았으나 외식비 지출은 취업노인가계가 더 많이 하는 것으로 나타났다.

양세정, 성영애(2001)는 우리나라 가구를 가구주의 연령에 따라 노인가계와 비노인가계로 나누고, 노인가계를 다시 가구주의 취업유무에 따라 취업노인가계와 비취업 노인가계로 구분하여 각 가계의 경제구조를 비교하였다. 연구결과, 노인가계는 하나의 집단으로 묶어 평가할 수 없는 다양한 형태의 경제구조를 가지고 있는 것으로 나타났다. 특히 가구주의 취업여부에 따라 경제구조에 큰 차이를 보였는데, 취업노인가계의 경우는 가계소득과 가계지출에 있어서 비노인가계와 유사한 경제상태를 보인 반면, 비취업 노인가계는 취약한 경제상태를 보인 것으로 나타났다.

정순희, 김현정(2002)은 취업노인가계와 비취업 노인가계의 재정상태를 비교하였는데, 취업노인가계가 비취업 노인가계에 비하여 총소득, 1인당 소득, 요구대비 소득, 총지출, 1인당 지출 요구 대비 지출은 더 많았고, 순자산, 소득대비 순자산 비율, 지출대비 순자산 비율은 적은 것으로 나타났다.

<표 4-13>은 노인의 취업유무에 따라 가계 경제생활의 차이를 분석하기 위해 t-검증한 결과를 제시하고 있다. 연구결과, 월평균 가계소득과 월평균 용돈, 의생활비 지출 및 식생활비 지출에서 유의한 차이를 보였다. 그러나 여가비 지출에 있어서는 유의한 차이를 보이지 않았다. 취업노인가계의 경우 비교적 저소득층이 많고 이들이 취업한 이유도 부족한 생활비를 벌기위해 일하는 경우가 많기 때문에, 노인이 취업가계와 취업하지 않은 가계에 있어 여가비 지출은 별 차이가 없는 것으로 볼 수 있다. 그리고 여가활동 유형에 있어서 노인들의 경우 신체적 쇠퇴와 건강 등의 이유로 독서, 가벼운 운동, 걷기 등의 여가활동을 많이 하는 편인데, 이러한 유형의 여가활동은 금전적 비용이 별로 들지 않는 특성을 가진다. 예비조사를 위한 심층면접에서 한 노인은 한양대학교 2학년을 중퇴하고, 울산의 대기업에 다니다가 현재는 00대학교에서 수위를 하고 있는데, 그는 직업의 특성상 힘들고 자기시간도 부족해서 집에서 쉬거나 TV 시청 등으로 여가시간을 보낸다고 하였다.

<표 4-13> 취업유무와 가계 경제생활 요인 간의 t-검증(단위: 만원)

| | 취업 | | 미취업 | | t값 |
|---|---|---|---|---|---|
| | m | SD | m | SD | |
| 월평균 가계소득 | 240.80 | 161.70 | 182.60 | 121.79 | -3.654*** |
| 월평균 용돈 | 20.27 | 14.85 | 14.58 | 11.13 | -4.508*** |
| 의생활비 지출 | 21.26 | 20.60 | 16.58 | 15.31 | -2.300* |
| 식생활비 지출 | 45.78 | 25.43 | 52.69 | 39.21 | 2.256* |
| 여가비 지출 | 19.87 | 18.49 | 19.62 | 17.77 | -0.133 |

* p<.05, ** p< .01, *** p<.001

현재 노인이 취업을 한 경우는 취업을 하지 않은 집단 보다 월평균 가계소득과 월평균 용돈이 훨씬 높게 나타났는데, 이는 취업노인의 경우 근로소득의 증가에 따른 것으로 볼 수 있다. 본 연구결과는 취업노인가계가 비취업노인가계에 비하여 총소득이 높다는 선행연구(김연정, 1998; 양세정, 성영애, 2001; 정순희, 김현정, 2002)의 연구결과와도 일치하였다. 의생활비의 지출에 있어서는 취업을 한 노인집단이 그렇지 않은 집단보다 의생활비 지출이 많았는데, 이는 취업노인가계가 비취업노인가계보다 취업과 관련된 피복/신발비 지출이 많기 때문으로 해석할 수 있다(김연정, 1998; 양세정, 성영애, 2001). 식생활비 지출의 경우 취업하지 않은 노인집단이 취업한 노인집단보다 더 많이 지출하는 것으로 나타났다. 그러나 김연정(1998)의 연구결과 은퇴노인가계와 취업노인가계의 식료품비는 차이를 보이지 않았고 이윤금(1999)의 연구에서는 취업노인가계가 비취업노인가계에 비해 가정내 식료품 및 외식비 모두에 있어서 더 많이 지출하는 것으로 나타났다. 본 연구결과가 선행연구들과 차이를 보이는 것은 본 연구에서는 식료품비와 외식비를 분리하여 조사하지 않고 식생활비로 조사하였기 때문에 취업한 노인의 경우 식사를 회사에서 하는 경우가 많기 때문에 이러한 결과가 나왔다고 생각된다.

<표 4-14>에서 현재 취업한 노인만을 대상으로 그들의 고용형태를 정규직과 비정규직의 두 집단으로 나눈 후, 고용형태에 따라 월평균 급여수준과 직업만족도의 차이가 있는지 알아보았다. 분석결과, 월평균 급여수준과 직업만족도 모두 통계적으로 의미 있는 차이를 보였는데, 취업한 노인 중에서 정규직에 종사하고 있는 집단이 비정규직에 종사하고 있는 집단보다 월평균 급여수준이 훨씬 높게 나타났을 뿐만 아니라, 직업만족도 또한 정규직에 종사하는 집단이 비정규직에 종사하고 있는 집단보다 유의하게 높음을 알 수 있다.

<표 4-14> 고용형태와 월평균 급여수준, 직업만족도 간의 t-검증

| | 정규직 | | 비정규직 | | t값 |
|---|---|---|---|---|---|
| | m | SD | m | SD | |
| 월평균 급여수준 | 285.63 | 176.18 | 199.02 | 134.51 | 3.043** |
| 직업 만족도 | 3.37 | 0.74 | 3.10 | 0.81 | 1.935* |

* p<.05, ** p<.01

<표 4-15>는 취업노인을 대상으로 1일 근무시간에 따른 월평균 급여수준과 직업만족도의 차이를 살펴본 결과를 제시하고 있다. 1일 근무시간에 따라 월평균 급여수준에서 유의한 차이를 보였는데, 근무시간이 1일 8시간 이상인 집단이 그렇지 않은 집단보다 급여수준은 높은 것으로 나타났다. 그러나 직업만족도에서는 두 집단간에 통계적으로 유의한 차이를 보이지 않았다.

<표 4-15> 1일 근무시간과 월평균 급여수준, 직업만족도 간의 t-검증

| | 8시간 미만 | | 8시간 이상 | | t값 |
|---|---|---|---|---|---|
| | m | SD | m | SD | |
| 월평균 급여수준 | 70.71 | 75.18 | 150.66 | 101.79 | -2.834** |
| 직업 만족도 | 2.92 | 1.04 | 2.74 | 0.76 | 0.804 |

** $p < .01$

이상의 결과를 정리하면, 조사대상인 울산광역시 노인들 중 약 4분의 1만이 현재 취업하고 있고, 이들의 고용상태는 비정규직이 절반가량 되며, 1일 근무시간이나 월평균 급여에서 매우 열악한 상태에 있는 것으로 나타났지만 이들의 직업 만족도는 보통 혹은 만족하는 정도로 나타나서 현재 자신이 직업을 가지고 있고 소득을 번다는 사실을 중요하게 여기고 있는 것으로 보였다. 노인들은 자신에게 적합한 일을 찾기 힘들다는 현실을 잘 인식해서인지 취업을 원하는 노인보다는 원하지 않는 노인이 훨씬 많았다. 하지만, 노인들의 많은 수가 희망퇴직 시점을 66세 이상으로 응답하였다. 이러한 상반된 대답은 실제로 많은 수의 노인들이 자신에게 적당한 일이 주어진다면 일을 계속하고 싶어 함을 암시한다고 볼 수 있다.

그러므로 울산시에서는 노인의 취업을 활성화 시킬 수 있는 방안을 강구할 필요가 있는데, 예컨대 취업연계시설의 증설과 고령자를 위한 전문 직업훈련기관의 설립 등을 추진해야 한다. 또한 현재 울산시에 소재한 고령자 취업연계시설 및 지원체계에 대한 적극적인 홍보가 이루어져야 할 것이다. 본 연구에서도 나타났듯이 노인의 취업은 노인가계의 경제생활에 많은 기여하기 때문에 노인의 독립적이고 안정적인 생활을 영위하기 위해서는 취업이 중요한 수단임을 인식시켜야 한다. 마지막으로 고용형태별로는 정규직에 종사한 경우 비정규직에 종사한 노인보다 월평균 급여수준이나 직업만족도가 훨씬 높게 나타났기 때문에 노인의 경우 특히 비정규직 종사자에 대한 처우가 개선되어야 할 것이다.

# 제5장
# 노인복지시설 이용과 요구

우리나라는 2005년에 65세 이상 노인인구가 전체인구의 7%를 차지하여 고령화 사회에 진입하였고, 2018년에는 65세 이상 인구가 14.3%에 이르러 고령사회에 진입할 예정이다(통계청, 2009). 이러한 노인인구의 증가는 핵가족화 및 맞벌이부부의 증가와 함께 나타나면서 노인복지시설에 대한 필요성을 증대시키고 있다. 전통적으로 개별 가족이 전적으로 책임졌던 노인부양문제는 이제는 사회적 차원에서 해결책을 마련해야 한다는 요구가 증가하고 있고, 이에 따라 노인복지정책은 중앙정부와 지방자치단체의 중요한 과제가 되었다.

현행 우리나라 노인복지법에 의하면 노인복지시설은 노인주거복지시설, 노인의료복지시설, 노인여가복지시설, 재가노인복지시설로 분류된다(보건복지부, 2010). 양로시설이나 노인요양시설과 같은 시설보호는 재정적 부담이 크며, 지역사회와 격리된 시설에 보호된 노인들은 우울, 고독감, 삶에 대한 의욕이 낮다는 문제점이 지적되면서 노인들을 위한 재가복지서비스가 대안으로 떠오르고 있다(송다영, 2003). 재가노인복지서비스의 기본 개념은 모든 국민이 사회복지의 대상이 되고, 지역사회 보호정책의 통합으로 양질의 서비스를 제공하고, 핵가족화와 취업주부의 증가로 인한 노인 부양문제를 가족과 지역사회가 함께 해결하여 노인문제를 예방하는 것이다(이연숙, 변혜령, 오찬옥, 1994). 그리고 노인복지시설에 대한 국내 선행연구들은 대부분은 재가복지서비스에 초점을 두고 이루어졌으며, 노인 혹은 노인을 부양하는 가족들을 대상으로 재가복지서비스의 이용의도와 관련요인을 분석하였다(김혜경, 2004, 박경숙, 2003, 송다영, 2003, 윤현숙, 2001, 이가옥, 이미진, 2001, 이재모, 이신영, 2006, 이혜원, 1995).

우리나라에서는 노인복지시설에 대한 이용 욕구가 급증하고 있으며, 최근에는 실비 또는 유료 등과 같은 이용자부담원칙을 통하여 다양한 형태의 노인복지시설이 확충되고 있다. 또한 노인들이 노인복지시설을 이용하는 형태도 다양하게 변화하고 있다. 재가복지서비스를 포함한 노인복지시설 전반에 대한 정부의 정책이나 효율적 운영을 위해서는 먼저 노인소비자들을 대상으로 하여 노인복지시설에 대한 요구도와 실제 이용의도를 조사하는 것이 필요하다. 그러나 노인들을 위한 재가복지서비스와 관련된 대부분의 선행연구들은 노인복지시설의 이용의향과 이와 관련된 변인들의 영향력만을 설명하였기 때문에 노인복지시설에 대한 노인들의 요구도와 이용의향을 함께 연구하지 못했다는 한계점을 가진다. 예컨대 노인들은 특정 노인복지시설에 대한 요구도는 높을 수 있지만 자신이 실제로 이용할 의향은 낮을 수 있다. 따라서 본 연구는 노인소비자들을 대상으로 다양한 노인복지시설에 대한 요구도와 이용의도를 함께 조사하여 이를 유형화하고 관련요인에 따라 어떠한 차이가 있는지 분석한 점에서 독창성이 있다. 또한 지금까지 울산의 노인소비자들을 대상으로 노인복지시설에 대한 요구도와 이용의향을 연구한 실증연구는 전혀 없기 때문에 이런 점에서도 의의를 가진다.

따라서 본 연구에서는 Andersen과 Newman(1973)의 모델에 기초하여 울산광역시 거주 노인을 대상으로 노인복지시설에 대한 요구도와 이용의도를 유형화하고 관련요인들에 따라 차이가 있는지 분석하고자 한다. Andersen과 Newman(1973)의 모델에 의하면, 사회복지서비스 이용에 영향을 미치는 관련요인으로 선행요인, 가능성요인, 욕구요인을 제시하였는데, 이 모델은 노인복지서비스분야 뿐만 아니라 보건의료서비스 분야에 이르기까지 국내외 연구들에서 폭넓게 활용되어 왔다(송다영, 2003, 윤현숙, 2001, 이가옥, 이미진, 2001, Bass & Noelker, 1987; Penning, 1995; Sugisawa, Sugihara, Kim, Shibata, 2000).

## 1. 우리나라의 노인복지시설 현황과 이용

<표 5-1> 노인복지시설 연도별 현황

| | | 2008 | 2009 | 2010 | 2011 |
|---|---|---|---|---|---|
| 노인주거복지시설 | 소계 | 347 | 360 | 397 | 414 |
| | 양로시설 | 306 | 285 | 300 | 303 |
| | 노인공동생활가정 | 21 | 56 | 75 | 87 |
| | 노인복지주택 | 20 | 19 | 22 | 24 |
| 노인의료복지시설 | 소계 | 1,832 | 2,712 | 3,852 | 4,079 |
| | 노인요양시설 | 1,332 | 1,642 | 2,429 | 2,489 |
| | 노인요양공동생활가정 | 422 | 1,009 | 1,346 | 1,590 |
| | 노인복지관 | 228 | 237 | 259 | 281 |
| 노인여가복지시설 | 소계 | 59,422 | 61,065 | 62,469 | 63,375 |
| | 경로당 | 57,930 | 59,543 | 60,737 | 61,537 |
| | 노인교실 | 1,260 | 1,280 | 1,464 | 1,557 |
| 재가노인복지시설 | 소계 | 2,298 | 2,696 | 2,496 | 2,750 |
| | 방문요양서비스 | 1,111 | 1,228 | 1,118 | 1,180 |
| | 주야간보호서비스 | 621 | 714 | 786 | 842 |
| | 단기보호서비스 | 217 | 288 | 67 | 95 |
| | 방문목욕서비스 | 349 | 466 | 525 | 633 |
| 합계 | | 63,899 | 66,833 | 69,214 | 70,618 |

출처 : 보건복지부「노인복지시설 현황」

주) * 노인복지법 시행규칙 개정 시행(2011.12.8)으로 노인의료복지시설의 노인전문병원, 노인여가복지시설의 노인휴양소는 삭제됨

보건복지부의 '2010년 노인복지시설 현황'에 의하면 현재 우리나라 노인복지시설은 크게 노인주거복지시설, 노인의료복지시설, 노인여가복지시설, 재가노인복지시설로 구분된다. 2008년 4월 4일 노인복지법의 개정, 시행에 따라 변경된 것에 따르면(보건복지부, 2010), 노인주거복지시설은 노인들에게 주거여건과 급식, 그 밖의 일상생활에 필요한 편의를 제공하기 위해 설치한 것으로 양로시설, 노인복지주택, 신설된 노인공동생활가정이 있다.

노인의료복지시설은 치매, 중풍 등 노인성질환으로 심신에 상당한 장애가 발

생하여 도움을 필요로 하는 노인들에게 주거, 급식, 요양 등 생활에 편의를 제공하기 위해 설치하였고, 노인요양시설, 노인전문병원, 신설된 노인요양공동생활가정이 있다.

노인여가복지시설은 노인의 교양, 취미생활 및 사회참여활동 등에 대한 각종 정보와 서비스를 제공하는 노인복지관, 지역노인들의 친목도모, 취미활동, 공동작업장 운영 등에 대한 정보교환과 여가활동을 제공하는 경로당, 노인들의 건정한 취미생활, 건강유지와 관련한 학습 프로그램을 제공하는 노인교실, 노인들에 게 휴양, 여가시설, 기타 편의시설을 단기간 제공하는 노인휴양소가 있다.

재가노인복지시설은 정신적, 신체적 이유로 독립적인 일상생활을 수행하기 곤란한 노인 및 노인부양 가정에 필요한 각종 서비스를 제공함으로써 노인의 생활터전에서 가족 및 친지와 더불어 건강하고 안정된 노후생활을 영위할 수 있도록 하며, 노인부양으로 인한 가족의 부담을 덜어주기 위한 것으로, 방문요양서비스, 주야간보호서비스, 단기보호서비스, 신설된 방문목욕서비스가 있다.

<표 5-1>은 노인복지시설의 연도별 현황을 보여주고 있는데, 많은 형태의 노인복지시설이 매년 꾸준히 증가하고 있음을 알 수 있다. 2011년 12월말 현재 70,618개소의 노인복지시설이 운영되고 있으며, 시설을 이용할 수 있는 입소정원은 158,839명이다(노인보호전문기관 25개소 제외). 노인복지법 시행규칙의 개정(2011.12.8 시행)으로 현황에서 제외된 노인전문병원은 2010년 12월말 현재 정원이 12,207명이다.

노인주거복지시설은 2008년 347개소에서 2009년 360개소, 2010년 397개소 2011년 414개소로 조금씩 증가하였다. 양로시설은 2008년 306개소에서 2009년에는 285개소로 감소하였다가 2010년과 2011년엔 각각 300개소, 303개소로 증가하긴 했으나, 2008년에 비하여 3개소가 감소하였다. 이렇게 양로시설이 감소한 것과는 대조적으로 노인공동생활가정은 2008년 21개소에서 2009년 56개소로 두배 이상 증가하였고, 2010년에는 75개소 2011년엔 87개소로 2008년에 비하여 4배가 넘게 증가하였다. 노인복지주택은 2008년에 20개소, 2011년엔 24개소로 나타났다.

노인전문병원을 제외한 노인의료복지시설은 2008년 1,832개소에서 2010년 3,852개소, 2011년은 4,079개소로 2008년 대비 2,325개소가 증가하였다. 노인요양시설은 2008년 1,332개소에서 2009년 1,642개소로 2010년 2,429개소로 2011년 2,489개소로 2008년 대비 86.7%가 증가하였다. 노인요양공동생활가정은 2008년 422개소에서 2009년 1,009개소로 2배가 넘게 증가하였고, 2010년 1,346개소 2011년 1,590개소로 2008년 대비 276.8% 증가하였다.

노인여가복지시설은 2008년 59,422개소에서 2009년 61,065개소, 2010년 62,469개소, 2011년에 63,375개소로 크게 증가하지 않았다. 노인복지관은 2008년 228개소에서 2011년 281개소로 약간 증가하였다. 노인여가복지시설 중에서 가장 많은 경로당은 2008년 57,930개소에서 2011년 61,537개소로 증가하였다. 노인교실은 2008년 1,260개소에서 2011년 1,557개소로 약간 증가하였다.

재가노인복지시설은 2008년 2,298개소에서 2010년 2,496개소로 증가하였고, 2011년에는 2,750개소로 2008년 대비 19.7% 증가하였다. 노인장기요양보험 제도의 시행으로 방문요양서비스가 2008년 1,111개소에서 2009년 1,228개소로 증가하였다가 2010년 단기보호 시설 전환으로 인하여 다시 1,118개소로 감소하였으며, 2011년은 1,180개소로 증가하였다. 주야간보호서비스는 2008년 621개소, 2009년 714개소, 2010년 786개소, 2011년 842개소로 2008년 대비 221개소가 증가하였다. 단기보호서비스는 2008년 217개소에서 2010년 67개소로 150개소가 감소하였으며, 2011년 95개소로 2010년 대비 41.8% 증가하였다. 방문목욕서비스는 2008년 349개소에서 조금씩 증가하여 2011년에 633개소로 증가하였다.

<표 5-2>에 노인복지시설 이용 실태가 제시되어 있다. 노인복지시설을 이용하는 노인의 월평균 이용비용에 관한 조사 중 장기입소의 경우 30만원 미만 50.9%, 30～50만원 미만 35.9%, 50～70만원 미만 10.2%, 70～90만원 미만 2.0%, 90만원 이상 1.0%로 50만원 미만의 비용을 원하는 것으로 나타났다. 낮시간만 이용하는 경우는 30만원 미민이 94.6%로 가장 높게 나타났으며, 30～50만원 미만 5.0%, 50～70만원 미만 0.4%의 순으로 나타났다. 밤 시간만 이용하는 것은 30만원 미만 95.8%, 30～50만원 미만 3.8%, 50～70만원 미만과 70～90만원 미만이 0.2%로 나타났다.

<표 5-2> 노인복지시설 이용 실태

| 구 분 | | N | % | 구 분 | | N | % |
|---|---|---|---|---|---|---|---|
| 장기 입소 | 30만원 미만 | 254 | 50.9 | 낮 시간만 이용 | 30만원 미만 | 472 | 94.6 |
| | 30~50만원 미만 | 179 | 35.9 | | 30~50만원 미만 | 25 | 5.0 |
| | 50~70만원 미만 | 51 | 10.2 | | 50~70만원 미만 | 2 | 0.4 |
| | 70~90만원 미만만 | 10 | 2.0 | | 계 | 499 | 100.0 |
| | 90만원 이상 | 5 | 1.0 | 프로 그램 수강 비용 | 1만원 미만 | 219 | 43.9 |
| | 계 | 499 | 100.0 | | 1~2만원 미만 | 195 | 39.1 |
| 밤 시간만 이용 | 30만원 미만 | 478 | 95.8 | | 2~3만원 미만 | 74 | 14.8 |
| | 30~50만원 미만 | 19 | 3.8 | | 3~4만원 미만 | 6 | 1.2 |
| | 50~70만원 미만 | 1 | 0.2 | | 4~5만원 미만 | 4 | 0.8 |
| | 70~90만원 미만 | 1 | 0.2 | | 5만원 이상 | 1 | 0.2 |
| | 계 | 499 | 100.0 | | 계 | 499 | 100.0 |
| 노인 복지 시설 건립시 고려 요인 | 가격 | 210 | 42.2 | 자원 봉사후 포인트 적립 제도 | 매우 좋다 | 38 | 7.7 |
| | 교통 | 32 | 6.4 | | 좋다 | 299 | 60.8 |
| | 지리적 위치 | 43 | 8.6 | | 보통이다 | 130 | 26.4 |
| | 음식의 질 | 15 | 3.0 | | 별로 | 24 | 4.9 |
| | 인테리어 | 1 | 0.2 | | 하고싶지 않다 | 1 | 0.2 |
| | 여가프로그램 | 40 | 8.8 | | 계 | 492 | 100.0 |
| | 의료서비스 | 157 | 31.5 | | | | |
| | 계 | 498 | 100.0 | | | | |

노인복지시설의 프로그램의 수강비용에 대한 조사결과 1만원 미만 43.9%, 1-2만원 미만 39.1%, 2~3만원 미만 14.8,% 3~4만원 미만 1.2%, 4~5만원 미만 0.8%, 5만원 이상 0.2%로 2만원 미만의 저렴한 수강비용을 원하는 것으로 나타났다. 노인복지시설의 건립시 고려요인은 가격 42.2%, 의료서비스 31.5%, 여가프로그램 8.8%, 지리적 위치 8.6%, 교통 6.4%, 음식의 질 3.0%, 인테리어 0.2%로 나타났다. 자원봉사 후 포인트 적립제도에 대한 인식을 조사한 결과는 좋다 60.8%, 보통이다 26.4%, 매우 좋다 7.7%, 별로 4.9%, 하고 싶지 않다 0.2%로 긍정적인 인식을 가지고 있는 것으로 조사되었다.

노인복지시설의 이용을 장기입소, 낮시간만 이용, 밤시간만 이용, 시설만 이용, 프로그램 수강 등으로 구분하고, 각각에 대하여 이용 요구와 이용 의도를 조사하였다. 이용 요구는 '전혀 필요하지 않다'의 1점부터 '매우 필요하다'의 5점을 주는 리커트 척도로 측정하였다. 이용 의도는 '전혀 없다'의 1점부터 '매우 많다'의 5점을 주는 리커트 척도로 측정하였다.

<표 5-3>에는 노인복지시설의 차원별로 요구와 이용의도 수준이 제시되어 있고, pairs t-test를 통해 노인복지시설에 대한 요구와 이용 의도 간의 차이도 제시

되어 있다. 장기입소, 낮시간만 이용, 밤시간만 이용, 시설만 이용, 프로그램 수강은 모두 요구와 이용의도간에 차이를 보였는데, 노인복지시설에 대한 요구가 이용의도보다 모두 높게 나타났다. 특히 장기입소(상주) 시설에 대한 요구정도는 중간보다 약간 높게 나타났으나, 이용의도는 요구 정도에 훨씬 못 미치는 수준이었다. 노인소비자들은 노인복지시설에 대한 요구는 많이 하고 있었으나, 실제로 자신들이 이용하겠다는 의지는 요구 수준에 비하여 낮다고 해석할 수 있다.

<표 5-3> 노인복지시설 요구와 이용 의도의 차이

| | 노인복지시설 요구 | | 노인복지시설 이용 의도 | | t값 |
|---|---|---|---|---|---|
| | m | SD | m | SD | |
| 장기입소(상주) | 3.33 | 0.98 | 2.48 | 1.04 | 20.018*** |
| 낮 시간만 이용 | 3.47 | 0.91 | 2.81 | 1.06 | 16.510*** |
| 밤 시간만 이용 | 3.20 | 0.99 | 2.45 | 0.98 | 18.824*** |
| 시설만 이용 | 3.61 | 0.81 | 3.13 | 1.03 | 12.718*** |
| 프로그램 수강 | 3.66 | 0.81 | 3.21 | 1.04 | 11.858*** |

***p<.001

## 2. 관련연구의 고찰

노인복지시설 중에서 재가복지시설 관련 국내 선행연구들을 살펴보면, 노인의 재가복지서비스 이용의도에 대한 연구(이가옥, 이미진, 2001, 이재모, 이신영, 2006), 노인을 부양하는 가족들의 재가복지서비스 이용의도에 대한 연구(김혜경, 2004, 송다영, 2003; 윤현숙, 2001), 가정봉사원 서비스 이용에 대한 연구(박경숙, 2003, 이혜원, 1995)로 분류할 수 있다.

이들 연구들은 노인자신이나 노인을 부양하는 가족들의 노인재가복지시설 이용의향에 영향을 미치는 독립변수들을 규명하는데 초점을 두고 있는데, Andersen과 Newman의 분석틀을 사용한 연구들(송다영, 2003; 윤현숙, 2001. 이가옥, 이미진, 2001)과 Andersen과 Newman의 분석틀을 사용하지 않은 연구들(김혜경, 2004, 박경숙, 2003, 이재모, 이신영, 2006)로 분류되지만 명칭만 다소 상이할 뿐 많은 독립변수들이 공통적으로 사용되었다. 여기서는 Andersen & Newman(1973)의 분석틀에 기초하여 살펴보고자 한다.

### 1) 선행요인(predisposing factor)

선행요인은 서비스 이용에 즉각적인 욕구로 연결되지 않는다 하더라도 서비스 이용의향에 매우 중요한 역할을 하는 개인이나 가족의 특성으로, 성별, 연령, 교육수준, 가치관, 태도 등이 포함된다(Andersen & Newman, 1973).

조사대상자가 노인인 경우와 노인 가족인 경우로 구분하여 구체적인 선행연구 결과를 살펴보면, 많은 연구들에서 일반적으로 연령이 낮을수록, 교육수준이 높을수록 재가복지 서비스를 이용할 의향이 높은 것으로 나타났다. 서울시와 안양시의 가족부양자 235명을 대상으로 지가복지 서비스의 이용의향과 필요도에 영향을 미치는 요인을 분석한 윤현숙(2001)의 연구에서는 부양자가 노인의 배우자보다 자녀인 경우 주간보호나 단기보호의 이용의향이 유의미하게 높은 것으로 나타났다. 송다영(2003)은 서울시청 및 구청 공무원 중 노부모를 모시고 있는 공무원 가구 283가구를 대상으로 재가복지서비스 이용의사에 영향을 미치는 요인을 분석한 결과, 부양자와 노인 간의 관계가 친밀하지 않을수록, 노인부양에 대한 가치관이 전통적이지 않은 사람일수록 재가복지 서비스를 이용하지 않겠다는 의사보다는 무료로 서비스를 이용하고자 하는 의사가 많았다.

김혜경(2004)은 2002년 서울특별시의 '노인복지 기초수요조사 및 정책개발연구'에서 사용된 1000명의 자료를 이용하여 노인 부양가족의 재가복지 및 재가보건 서비스 유형별 이용의향을 분석하였다. 선행요인으로는 재가복지와 재가보건 서비스 모두 연령이 낮은 사람이 이용의향이 높은 것으로 나타났다.

노인을 대상으로 한 조사를 통해 재가복지서비스 이용의향을 살펴본 연구는 이가옥, 이미진(2001)의 연구가 있는데 이들은 1998년 한국보건사회연구원에서 조사한 전국노인 생활실태자료(노인 1,000명)를 이용하여 분석하였다. 이들 연구에서는 노인의 연령이 낮고, 교육수준이 높을수록, 자녀와 동거하는 노인일수록 가정봉사원 파견에 대한 이용의향이 높았다. 단기보호 이용의향의 경우, 노인의 연령이 낮을수록, 교육수준이 높을수록 이용하려는 의향을 가지고 있으며, 주간보호의 경우 여성, 연령이 낮을수록, 교육수준이 높을수록 이용하겠다는 노인이 많았다.

이재모와 이신영(2006)은 2004년 실시된 대구광역시 노인생활실태 및 욕구조사 자료(노인 2,000명)를 사용하여 노인의 재가복지서비스 이용의향에 영향을 미치는 요인을 살펴보았다. 주간보호사업과 단기보호사업의 경우, 교육수준이 높을수록 이용의향이 유의하게 높았으며 성별과 연령은 유의한 영향을 미치지 못하였다. 가정봉사원파견 사업과 방문간호사업의 경우 선행요인은 유의한 영향을 미치지 못하는 것으로 분석되었다.

박경숙(2003)은 경기도 국민기초생활보장대상 노인 실태조사 자료(노인 17,442명)를 사용하여 노인의 사회복지서비스 이용에 영향을 미치는 요인을 분석하였다. 성별, 연령, 교육수준 등의 귀속요인 중에서 성별과 연령이 대다수 서비스 이용기관수에 상대적으로 더 큰 영향을 미치는 것으로 나타났다. 여성이 남성보다 후원금품, 방문간호사, 우호방문, 차량지원서비스를 받는 기관수가 더 많고, 남성은 여성보다 생계비지원, 가정봉사원, 반찬서비스, 상담서비스를 받는 기관수가 더 많다. 연령의 경우 우호방문과 상담, 기타서비스를 제외한 모든 서비스를 받는 기관수에서 연령이 높을수록 서비스를 받는 기관수가 많았다. 교육수준의 경우 상담의 경우에만 유의한 영향을 미쳤는데, 교육수준이 낮을수록 상담서비스를 받는 기관수가 더 많았다.

이혜원(1995)은 서울시에 거주하고 있는 65세 이상의 거택보호노인 190명을 대상으로 가정봉사원 서비스 이용에 대해 연구한 결과, 노인의 특성 중에서 배우자가 없는 경우, 여성인 경우, 연령이 많을수록, 교육수준이 높을수록 가정봉사원 서비스의 이용도가 높은 것으로 나타났다.

### 2) 가능성요인(enabling factor)

가능성요인은 서비스 이용을 원활하게 하거나 저해하는 요인으로 가구소득, 서비스 이용의 편의성, 부양자의 존재유무, 서비스 인지도, 주택소유유무 등이 포함된다(Andersen & Newman, 1973).

가구소득은 노인재가복지 서비스 이용과 정(+)의 관계에 있는 결과뿐만 아니라 부(-)의 관계에 있는 것도 발표되고 있다. 윤현숙(2001)의 연구에서는 가구소득이 높은 부양자는 가정봉사원과 단기보호 서비스를 이용하려는 의향이 낮은 것으로 나타났다. 또한 노인들을 대상으로 한 이재모와 이신영(2006)의 연구에서도 가구소득이 적을수록 가정봉사원 파견사업, 주간보호사업, 단기보호사업을 이용할 의사가 높은 것으로 조사되었다.

한편 노인을 부양하는 가족들을 대상으로 연구한 송다영(2003)의 연구결과, 가구소득이 높은 사람의 경우 재가서비스를 유료라도 이용하겠다는 비율이 높게 나타났다. 노인을 대상으로 한 이가옥과 이미진(2001)의 연구에서도 가구소득이 증가할수록 가정봉사원 서비스와 단기보호 서비스를 이용할 의향이 높아지는 것으로 조사되었다.

서비스 인지도의 경우 노인을 대상으로 한 연구와 노인을 부양하는 가족부양자를 대상으로 한 경우에서 상반되는 결과를 보였다. 노인을 대상으로 한 이재모와 이신영(2006)의 연구결과, 노인들이 서비스 인지도가 높을수록 가정봉사원 파견사업, 주간보호사업, 단기보호사업, 방문간호사업을 이용할 의향이 높아지는 것으로 나타났다. 그러나 노인 가족부양자를 대상으로 한 윤현숙(2001)의 연구에서는 부양자의 서비스 인지도가 높을수록 가정봉사원 서비스, 주간보호서비스, 단기보호서비스, 반찬배달서비스, 이동목욕 서비스의 이용의향이 낮아지는 것으로 조사되었다.

동거가족 구성원의 경우도 서비스 이용의향에 유의한 영향을 주는 것으로 나타났는데, 노인을 대상으로 한 이가옥과 이미진(2001)의 연구에서는 자녀와 동거하는 노인은 그렇지 않은 노인에 비해 가정봉사원 서비스, 단기보호서비스, 주간보호서비스를 이용할 의향이 높은 것으로 조사되었다. 한편 박경숙(2003)의 연구에서는 혼자 사는 노인은 그렇지 않은 노인에 비해 생계비지원, 가정봉사원, 반찬서비스, 상담, 차량지원서비스를 받는 기관수가 더 많은 것으로 나타났고, 배우자나 자녀가 아닌 기타 가족구성원과 같이 사는 노인은 그렇지 않은 노인에 비해 방문간호사와 우호방문서비스를 받는 기관수가 많은 것으로 조사되었다.

### 3) 욕구요인(needs factor)

욕구요인은 노인의 질병이나 장애로 인해 서비스를 필요로하는 직접적인 요인을 의미하며, 개인이나 전문가가 진단하는 의료 및 기타 서비스의 요구정도로 건강상태나 일상생활수행능력(ADL), 도구적 일상생활수행능력(IADL)과 함께 가족의 부양부담에 관련된 변인이 포함된다(Andersen & Newman, 1973).

노인을 대상으로 한 연구에서는 일상생활수행능력, 도구적 일상생활수행능력, 주관적 건강상태, 질병수 등이 서비스 이용의향에 유의한 영향을 미치는 것으로 나타났다. 이재모와 이신영(2006)의 연구에서는 일상생활수행능력이 낮은 경우 가정봉사원 서비스를 이용할 확률이 높았으며, 도구적 일상생활수행능력이 높아 혼자서 생활하수 없을 경우 서비스 이용확률이 높았다. 그러나 이가옥과 이미진(2001)의 연구에서는 일상생활수행능력은 유의한 영향을 미치지 못한 반면, 노인의 주관적 건강상태가 나쁠수록 가정봉사원 서비스 이용의향이 높은 것으로 조사되었다.

한편 박경숙(2003)의 연구에서는 노인의 주관적 건강상태는 대부분의 서비스를 받는 기관수에 유의한 영향을 미치지 않는 것으로 조사되었고, 대신 객관적인 질병수는 생계비지원, 가정봉사원, 방문간호사, 상담, 기타 서비스를 받는 기관수에 큰 영향을 미치는 것으로 나타났다. 그리고 일상수행능력이 적을수록 가정봉사원, 방문간호사, 차량지원서비스를 받는 기관수가 많아졌으며, 수단적 일상생활수행능력이 적을수록 반찬서비스와 기타서비스는 더 많아진 반면 차량지원과 상담서비스는 더 적어진 것으로 나타났다.

이혜원(1995)의 연구에서는 노인의 정신기능이 저하될수록, 신체기능이 저하될수록, 노인의 수발욕구가 높을수록, 상담욕구가 높을수록 노인의 가정봉사원 서비스 이용도가 높은 것으로 분석되었다. 노인 가족부양자를 대상으로 한 연구결과를 보면, 윤현숙(2001)의 연구에서는 노인의 일상생활수행능력과 질병수는 서비스 이용의향에 유의한 영향을 주지 않았고, 다만 노인의 정신건강이 나쁠수록 이동목욕 서비스 이용의향이 높게 나타났다. 노인 가족부양자를 대상으로 연구한 송다영(2003)의 연구결과, 부양자가 노인부양에 대한 경제적, 심리적 부담을 많이 느낄수록 무료라면 재가복지 서비스를 이용할 의사가 높게 나타났고, 유료일 경우라도 심리적 부담이 많을수록 서비스 이용의사가 높은 것으로 조사되었다.

## 3. 노인복지시설 요구유형과 이용유형

노인복지시설에 관한 요구의 다섯 개 차원을 기준으로 군집분석을 하였다. 가능한 군집의 수를 모두 포함하여 분석한 결과 <표 5-4>처럼 두 개의 집단으로 유형화되었다.

군집 1은 표준화된 점수의 부호가 모두 +로 다른 유형에 비하여 모든 노인복지시설에 대한 필요성을 강하게 느끼고 있는 유형이다. 이 유형은 5개 차원에 대한 요구 정도가 높으므로 '고요구집단'으로 명명하였다. 이 집단에는 297명이 포함되어 전체의 절반 이상인 59.5%를 차지하였다.

군집 2는 군집1과 반대로 표준화된 점수의 부호가 모두 -이다. 이 유형은 군집1에 비해 노인복지시설에 대한 요구 정도가 낮게 나타나므로 '저요구집단'으로 명명하였다. 이 집단에는 40.5%가 포함되었다.

<표 5-4> 노인복지시설 요구의 5개 차원을 기준으로 분류한 군집분석

| 노인복지시설에 대한 요구 | 고요구집단 (N=297) | 저요구집단 (N=202) |
|---|---|---|
| 장기입소(상주) 시설 | + | - |
| 낮 시간만 이용하는 시설 | + | - |
| 밤 시간만 이용하는 시설 | + | - |
| 시설만 이용하는 시설 | + | - |
| 프로그램을 수강하는 시설 | + | - |

<표 5-5>에 의하면 선행요인(성별, 연령, 교육년수)과 욕구요인(일상생활수행능력)에 따라 노인복지시설에 대한 요구유형은 유의한 차이를 보이지 않았으며, 배우자유무와 월평균 용돈을 제외한 나머지 가능성요인(동거 가족수, 자녀수, 월평균 가계소득)에 따라 노인복지시설에 대한 요구유형은 유의한 차이를 나타내었다.

구체적으로 살펴보면, 현재 동거하고 있는 가족의 수에 따라 노인복지시설 요구유형은 의미있는 차이를 보였는데, 저요구집단이 고요구집단보다 동거가족수가 더 많았다. 자녀수에 따라 노인복지시설 요구유형도 유의한 차이가 나타났는데, 저요구집단이 고요구집단보다 자녀가 더 많았다. 즉 동거하고 있는 가족수가 많을수록, 자녀수가 더 많을수록 노인들은 가족들의 수발을 받을 수 있기 때문에 노인복지시설을 덜 요구하는 것으로 해석할 수 있다.

월평균 가계소득에 따라 노인복지시설 요구유형은 차이를 보였는데, 저요구집단의 월평균가계소득이 고요구집단보다 유의하게 높게 나타났다. 이러한 결과는 우리나라 노인들은 아직은 노인복지시설이 저소득의 노인들을 위한 곳이라는 인식이 강하고, 소득이 높은 노인들은 노인복지시설보다는 개별 가정에서 보호 받기를 더 원하기 것으로 보인다.

<표 5-5> 선행요인, 가능성요인, 욕구요인에 따른 노인복지시설 요구도 차이

| 구분 | | 고요구집단 N (%) | 저요구집단 N (%) | $X^2$ |
|---|---|---|---|---|
| 성별 | 남성 | 127 ( 42.8) | 99 ( 49.0) | 1.895 |
| | 여성 | 170 ( 57.2) | 103 ( 51.0) | |
| | 계 | 297 (100.0) | 202 (100.0) | |
| 배우자 유무 | 유 | 182 ( 63.4) | 132 ( 65.3) | .193 |
| | 무 | 105 ( 36.6) | 70 ( 34.7) | |
| | 계 | 287 (100.0) | 202 (100.0) | |

| | 고요구집단 m (SD) | 저요구집단 m (SD) | t값 |
|---|---|---|---|
| 연령 | 67.73 ( 7.17) | 67.89 ( 7.74) | -.236 |
| 교육년수 | 7.10 ( 4.40) | 6.99 ( 4.14) | .295 |
| 현재 동거 가족수(본인포함) | 2.60 ( 1.34) | 3.22 ( 1.65) | -4.478*** |
| 자녀수 | 3.30 ( 1.49) | 3.85 ( 1.47) | -4.057*** |
| 월평균 가계소득 | 183.20 (127.69) | 216.87 (142.68) | -2.753** |
| 월평균 용돈 | 15.64 ( 11.66) | 16.39 ( 13.37) | -.661 |
| 일상생활수행능력 | 3.57 ( 0.78) | 3.68 ( 0.70) | -1.488 |

**p<.01, ***p<.001

<표 5-6> 노인복지시설 이용의도의 5개 차원을 기준으로 분류한 군집분석

| 노인복지시설에 대한 이용의도 | 저이용의도집단 (N=141) | 부분이용의도집단 (N=232) | 고이용의도집단 (N=126) |
|---|---|---|---|
| 장기입소(상주) | - | - | + |
| 낮 시간만 이용 | - | - | + |
| 밤 시간만 이용 | - | - | + |
| 시설만 이용 | - | + | + |
| 프로그램 수강 | - | + | + |

노인복지시설에 관한 이용의도의 다섯 가지 차원을 기준으로 군집분석을 한 결과 <표 5-6>처럼 세 개의 집단으로 유형화되었다. 군집 1은 표준화된 점수의 부호가 모두 -로 다른 유형에 비하여 노인복지시설을 이용할 의사가 적은 유형이다. 그러므로 이 유형을 '저이용의도집단'으로 명명하였고, 조사대상자의 28.3%가 포함되었다.

군집 2는 '시설만 이용', '프로그램 수강'에 대한 이용의도는 높으나 나머지 복지시설에 대한 이용의도는 낮아' '부분이용의도집단'이라 명명하였다. 이 집단은 조사대상자의 가장 많은 비율인 46.5%가 포함되었다.

군집3은 군집1과 반대의 유형인데, 모든 형태의 노인복지시설에 대한 표준화된 점수가 +로 나타나서 노인복지시설을 이용하고자 하는 의도가 강하기 때문에 '고이용의도집단'이라 명명하였으며, 전체의 25.3%가 포함되었다.

<표 5-7>은 선행요인, 가능성요인, 욕구요인에 따른 노인복지시설 이용의도의 차이를 제시하고 있다. 노인복지시설 이용의도는 교육년수를 제외한 선행요인(성별, 연령), 월평균 용돈을 제외한 가능성요인(배우자유무, 동거 가족수, 자녀수, 월평균 가계소득), 욕구요인(일상생활수행능력)에 따라 유의한 차이를 나타내었다.

구체적으로 살펴보면, 여성노인들의 경우 노인복지시설에 대한 부분이용의도집단과 고이용의도집단의 비율이 높았고, 남성노인들의 경우는 저이용의도집단의 비율이 높았다. 현재 배우자가 있는 노인들의 경우는 저이용의도집단과 부분이용의도집단의 비율이 높은 반면, 배우자가 없는 노인들은 고이용의도집단의 비율이 높았다.

연령의 경우, 예상과 달리 연령이 부분이용의도집단이 저이용의도집단 보다 연령이 낮은 것으로 나타났다. 이는 연령이 높은 노인들의 경우 연령이 낮은 노인들보다 부모자녀관계에 대한 전통적인 사고방식이 상대적으로 강하여 노인복지시설 이용의도가 낮은 것으로 나타났다.

<표 5-7> 신헴요인, 기능성요인, 욕구요인에 따른 노인복지시설 이용의도 차이

| 구분 | | 저이용의도집단 | 부분이용의도 집단 | 고이용의도집단 | $X^2$ |
|---|---|---|---|---|---|
| | | N (%) | N (%) | N (%) | |
| 성별 | 남성 | 76 ( 53.9) | 99 ( 42.7) | 51 ( 40.5) | 6.039* |
| | 여성 | 65 ( 46.1) | 133 ( 57.3) | 75 ( 59.5) | |
| | 계 | 141 (100.0) | 232 (100.0) | 126 (100.0) | |
| 현재 배우자 여부 | 유 | 97 ( 69.3) | 155 ( 68.0) | 62 ( 51.2) | 11.840** |
| | 무 | 43 ( 30.7) | 73 ( 32.0) | 59 ( 48.8) | |
| | 계 | 140 (100.0) | 228 (100.0) | 121 (100.0) | |

| | 저이용의도집단 | 부분이용의도 집단 | 고이용의도집단 | F비 |
|---|---|---|---|---|
| | m (SD) | m (SD) | m (SD) | |
| 연령 | 69.10 ( 7.79) | 66.69 ( 7.31) | 68.36 ( 6.83) | 5.212** |
| scheffe | a | b | ab | |
| 교육년수 | 7.40 ( 4.12) | 7.22 ( 4.08) | 6.32 ( 4.72) | 2.522 |
| scheffe | | | | |
| 현재 동거 가족수 (본인 포함) | 3.14 ( 1.62) | 2.88 ( 1.42) | 2.47 ( 1.47) | 6.893*** |
| scheffe | a | ab | b | |
| 자녀수 | 4.19 ( 1.43) | 3.40 ( 1.30) | 3.02 ( 1.68) | 23.662*** |
| scheffe | a | b | b | |
| 월평균 가계소득 | 209.09 (132.87) | 202.23 (129.71) | 166.70 (123.66) | 4.203** |
| scheffe | a | ab | b | |
| 월평균 용돈 | 15.65 ( 12.41) | 16.59 ( 12.17) | 14.53 ( 10.28) | 1.257 |
| scheffe | | | | |
| 일상생활수행능력 | 3.63 ( 0.70) | 3.70 ( 0.72) | 3.43 ( 0.82) | 5.658** |
| scheffe | ab | a | b | |

*p<.05, **p<.01, ***p<.001

동거 가족수의 경우, 고이용의도집단에 비해 저이용의집단의 노인들이 가족수가 많은 것으로 나타났다. 자녀수의 경우도 이와 비슷한 결과를 보여주었는데, 부분이용의도집단과 고이용의도집단에 비해 저이용의도집단의 노인들이 자녀수가 많은 것으로 나타났다. 즉 현재 동거하는 가족수가 많거나 자녀수가 많을 경우 가정에서 노인들을 보살펴줄 수 있으므로 노인복지시설 이용의도가 낮은 것으로 볼 수 있다.

월평균 가계소득의 경우, 고이용의도 집단에 비해 저이용의도집단의 가계소득이 높게 나타났는데, 이는 가계소득이 높을수록 노인복지시설을 이용하기보다는 가정에서 노인들을 보호하기를 선호한다고 해석할 수 있다. 일상생활수행능력의 경우, 고이용의도 집단이 부분이용의도집단보다 일상생활수행 점수가 낮은 것으로 나타나서, 일상수행능력이 낮을수록 노인복지시설 이용의도가 높음을 보여 준다.

노인복지시설의 요구도와 이용의도간의 관계를 살펴보기 위해 교차분석을 한 결과가 <표 5-8>에 제시되어 있다. 노인복지시설에 대한 요구가 높은 고요구집단의 경우, 약 46%는 노인복지시설을 부분적으로 이용할 의도가 있는 것으로 나타났고 41%는 노인복지시설을 적극 이용하겠다고 답했으며, 나머지 약 13%는 이용의도가 낮은 것으로 분석되었다. 노인복지시설에 대한 요구가 낮은 저요구집단의 경우, 51%는 노인복지시설을 이용할 의사가 없다고 답하였고, 47%는 부분적으로 이용할 의사가 있는 것으로 나타났다. 본 연구결과를 볼 때 노인복지시설에 대한 요구가 높거나 혹은 낮다고 하더라도 노인복지시설의 이용의도가 그에 비례하게 높거나 낮지 않음을 보여준다.

<표 5-8> 노인복지시설 요구도와 이용의도간의 관계

| 구분 | | 저이용의도집단 | 부분이용의도집단 | 고이용의도집단 | 계 |
|---|---|---|---|---|---|
| 고요구집단 | N | 38 | 137 | 122 | 297 |
| | % | ( 12.8) | ( 46.1) | ( 41.1) | (100.0) |
| 저요구집단 | N | 103 | 95 | 3 | 201 |
| | % | ( 51.2) | ( 47.3) | ( 1.5) | (100.0) |
| $X^2$ | | 137.458*** | | | |

***p<.001

# 제6장
# 노인소비자의 건강관리

노인소비자의 생활의 질을 결정하는 매우 중요한 요소 중의 하나가 건강이다. 노인건강문제는 이미 개인과 가정만의 문제에서 벗어나 국가적이고 사회적인 문제로 확대됐다. 동남지방통계청의 '2011년 울산 사회조사'에 따르면 울산지역 60세 이상 노인들이 겪고 있는 어려움은 '건강문제'가 61.8%로 가장 많았고 '경제적인 어려움' 53.8%, '직업이 없거나 고용이 불안정' 15.0% 등이 뒤를 이었다. 특히 울산은 다른 특별시와 광역시에 비해 '경제적인 어려움'의 비율이 상대적으로 낮고 '건강문제' 비율이 상대적으로 높았다.

## 1. 노인소비자의 건강상태, 음주와 흡연

<표 6-1> 노인소비자의 건강상태 현황

| 구 분 | | M | SD |
|---|---|---|---|
| 일상 생활 수행 능력 | 집안일 | 3.71 | 0.86 |
| | 외출 | 3.70 | 0.89 |
| | 물건구입 | 3.70 | 0.91 |
| | 금전관리 | 3.35 | 1.06 |
| 건강 생활 수행 능력 | 운동 | 3.18 | 0.95 |
| | 영양제 | 2.71 | 0.89 |
| | 건강식 | 2.83 | 0.88 |
| | 건강정보 획득노력 | 3.00 | 0.86 |
| | 의료시설 이용 | 3.46 | 0.83 |
| | 건강진단 | 2.85 | 0.98 |
| | 보약섭취 | 2.47 | 0.85 |

| 구 분 | | N | % |
|---|---|---|---|
| 건강 관련 정보 획득처 (다중 응답) | TV 등 방송매체 | 441 | 45.8 |
| | 친구.직장동료.가족 | 417 | 43.3 |
| | 잡지 | 8 | 0.8 |
| | 인터넷 | 8 | 0.8 |
| | 신문 | 81 | 8.4 |
| | 기타 | 9 | 0.9 |
| | 계 | 964 | 100.0 |

울산의 조사대상 노인의 건강상태 현황을 조사한 결과는 다음의 <표 6-1>과 같다. 노인의 건강상태 현황에 대한 세부상황 중 일상생활을 수행할 수 있는 능력을 조사한 결과 집안일 3.71 외출과 물건구입이 3.70, 금전관리 3.35로 수행능력이 높게 조사되었다. 또한 건강생활 수행능력은 의료시설 이용 3.46, 운동 3.18, 건강정보 획득노력 3.00, 건강진단 2.85, 건강식 2.83, 영양제 2.71, 보약섭취 2.47로 나타났다. 수행능력 중 운동의 경우는 건강유지를 위해 규칙적으로 운동을 하고 있었으며, 의료시설의 이용은 몸에 이상이 생기면 바로 병원이나 약국을 찾는다고 응답하였다. 생활 수행능력은 건강생활에 대한 수행능력이 일상생활 수행능력보다 낮게 나타남을 알 수 있다. 건강과 관련된 정보에 대한 획득처를 조사한 결과는 TV 등 방송매체 45.8%, 친구·직장동료·가족 43.3%, 신문 8.4%, 기타(병원, 약국, 사회복지사) 0.9%, 잡지 0.8%, 인터넷 0.8%로 조사되었다.

<표 6-2>에 의하면 노인소비자들의 음주 횟수는 월 2~3회 39.5%, 주 1~2회 32.6%, 주 3~4회 13.5%, 월 1회 10.7%, 매일 마심 3.7%로 나타났다. 금주의향은 없다고 응답한 응답자가 43.0%로 가장 높았으며, 보통이다 25.7%, 있다 24.8% ,전혀 없다 3.7% 매우 있다 2.8%로 금주를 하지 않겠다는 응답자가 더 많게 나타났다.

<표 6-2> 음주횟수와 금주 의향

| 음주횟수 | N | % | 금주의향 | N | % |
|---|---|---|---|---|---|
| 월 1회 | 23 | 10.7 | 전혀 없다 | 8 | 3.7 |
| 월 2~3회 | 85 | 39.5 | 없다 | 92 | 43.0 |
| 주 1~2회 | 70 | 32.6 | 보통이다 | 55 | 25.7 |
| 주 3~4회 | 29 | 13.5 | 있다 | 53 | 24.8 |
| 매일 마심 | 8 | 3.7 | 매우 있다 | 6 | 2.8 |
| 계 | 215 | 100.0 | 계 | 214 | 100.0 |

<표 6-3> 흡연횟수와 금연의향

| 흡연횟수 | N | % | 금연의향 | N | % |
|---|---|---|---|---|---|
| 월 담배 1갑 | 5 | 4.0 | 전혀 없다 | 8 | 6.3 |
| 월 담배 2~3갑 | 4 | 3.2 | 없다 | 12 | 9.5 |
| 월 담배 4갑 | 26 | 21.0 | 보통이다 | 9 | 7.0 |
| 월 5갑 이상 | 43 | 34.7 | 있다 | 82 | 65.1 |
| 매일 1갑씩 | 46 | 37.1 | 매우 있다 | 15 | 11.9 |
| 계 | 124 | 100.0 | 계 | 126 | 100.0 |

담배에 대한 소비자의 의식을 조사한 결과는 다음의 <표 6-3>과 같다. 담배에 대한 흡연횟수를 질문한 결과 매일 1갑씩 37.1%, 월 5갑 이상 34.7%, 월 담배 4갑 21.0%, 월 담배 1갑 4.0%, 월 담배 2~3갑 3.2% 담배를 자주 피우는 것으로 나타났다. 금연 의향은 있다 65.1%, 매우 있다 11.9%, 없다 9.5%, 보통이다 7.0%, 전혀 없다 6.3%로 대부분의 흡연자들이 금연의향이 있는 것으로 나타났다.

## 2. 노인소비자의 건강관리 행동

### 1) 건강관리행동 실태

<표 6-4>에 의하면 건강관리행동에 대한 수행유무를 조사한 결과 수행하고 있다고 응답한 경우가 95.6%로 없다고 응답한 경우인 4.4%보다 매우 높게 나타났다. 또한 건강관리행동에 대하여 조사한 결과는 운동 17.4%, 양약 16.4%, 식이요법 14.6%, 의료기 13.7%, 건강보조식품 11.9%, 예방접종 7.8%, 정기검진 6.7%, 술조절 5.1%, 담배조절 3.8%, 한약 2.7%, 기타(텃밭 가꾸기) 0.1%의 순으로 나타났다.

<표 6-4> 건강관리 행동 실태

| 구 분 | | N | % |
|---|---|---|---|
| 건강관리행동 수행유무 | 유 | 478 | 95.6 |
| | 무 | 22 | 4.4 |
| | 계 | 500 | 100.0 |
| 건강관리행동 (복수응답) | 식이요법 | 293 | 14.6 |
| | 운동 | 351 | 17.4 |
| | 양약 | 331 | 16.4 |
| | 건강보조식품 | 239 | 11.9 |
| | 의료기 | 275 | 13.7 |
| | 한약 | 54 | 2.7 |
| | 정기검진 | 135 | 6.7 |
| | 술조절 | 102 | 5.1 |
| | 담배조절 | 77 | 3.8 |
| | 예방접종 | 156 | 7.8 |
| | 기타 | 1 | 0.1 |
| | 계 | 2,014 | 100.0 |

### 2) 식이요법

<표 6-5>를 보면 식이요법의 종류는 잡곡 73.0%, 채소 9.2%, 소식 8.2%, 저염 5.8%, 비타민과 무기질 1.4%, 저지방, 칼슘 1.0%, 고단백 0.3%의 순으로 나타나 식이요법을 대부분 잡곡으로 행하고 있는 것을 알 수 있다.

식이요법을 하는 이유는 건강을 위해 82.2%, 병 치료 16.1%, 음식 가려먹기 위해 1.0%, 보양식 0.7%로 건강을 위하여 식이요법을 하는 것을 알 수 있다. 또한 식이요법을 하는 동기에 대한 질문 결과 스스로의 필요성에의해 하고 있는 경우가 56.5%로 가장 높게 나타났으며, 다음으로 주변인들의 권유 21.9%, 의사의 권유 17.1%, TV·신문·책 3.8%, 인터넷 0.7%의 순으로 나타났다.

식이요법의 효과에 대하여 질문한 결과는 도움이 된다 58.7%, 보통이다 24.2%, 매우 도움이 된다 13.0%, 도움되지 않는다 3.8%, 전혀 도움되지 않는다 0.3%로 나타나 식이요법이 효과가 있는 것으로 보았다. 식이요법의 비용은 10만원 이상 34.5%, 5만원 이상~10만원 미만 34.2%, 5만원 미만 27.7%, 전혀 들지 않음 3.6%으로 나타났다.

<표 6-5> 식이요법에 대한 인식

| 구 분 | | N | % | 구 분 | | N | % |
|---|---|---|---|---|---|---|---|
| 식이요법 종류 | 잡곡 | 214 | 73.0 | 식이요법 이유 | 음식 가려먹기 위해 | 3 | 1.0 |
| | 고단백 | 1 | 0.3 | | 병 치료 | 47 | 16.1 |
| | 채소 | 27 | 9.2 | | 보양식 | 2 | 0.7 |
| | 소식 | 24 | 8.2 | | 건강을 위해 | 240 | 82.2 |
| | 저지방 | 3 | 1.0 | | 계 | 292 | 100.0 |
| | 칼슘 | 3 | 1.0 | 식이요법 동기 | 의사권유 | 50 | 17.1 |
| | 저염 | 17 | 5.8 | | 주변인 | 64 | 21.9 |
| | 비타민과 무기질 | 4 | 1.4 | | TV, 신문, 책 | 11 | 3.8 |
| | 계 | 293 | 100.0 | | 인터넷 | 2 | 0.7 |
| 식이요법 효과 | 전혀 도움되지 않는다 | 1 | 0.3 | | 스스로 | 165 | 56.5 |
| | 도움되지 않는다 | 11 | 3.8 | | 계 | 292 | 100.0 |
| | 보통이다 | 71 | 24.2 | 식이요법 비용 | 전혀 들지 않음 | 10 | 3.6 |
| | 도움이 된다 | 172 | 58.7 | | 5만원 미만 | 77 | 27.7 |
| | 매우 도움이 된다 | 38 | 13.0 | | 5~10만원 미만 | 95 | 34.2 |
| | 계 | 293 | 100.0 | | 10만원 이상 | 96 | 34.5 |
| | | | | | 계 | 278 | 100.0 |

### 3) 운동

<표 6-6> 운동에 관한 인식

| 구 분 | | N | % | 구 분 | | N | % |
|---|---|---|---|---|---|---|---|
| 운동 종류 (다중) | 등산 | 104 | 16.8 | 운동 동기 | 의사권유 | 40 | 11.6 |
| | 조깅 | 61 | 9.8 | | 주변인 | 46 | 13.4 |
| | 산책 | 238 | 38.3 | | TV, 신문, 책 | 6 | 1.7 |
| | 수영 | 23 | 3.7 | | 인터넷 | 5 | 1.5 |
| | 배드민턴 | 20 | 3.2 | | 스스로의 필요성 | 247 | 71.8 |
| | 에어로빅 | 17 | 2.7 | | 계 | 344 | 100.0 |
| | 건강체조(헬스) | 123 | 19.9 | 운동 비용 | 전혀 들지 않음 | 116 | 35.8 |
| | 요가 | 10 | 1.6 | | 5만원 미만 | 142 | 43.8 |
| | 스포츠댄스 | 25 | 4.0 | | 5~10만원 미만 | 43 | 13.3 |
| | 계 | 621 | 100.0 | | 10만원 이상 | 23 | 7.1 |
| 운동 효과 | 보통 | 34 | 9.8 | | 계 | 324 | 100.0 |
| | 도움이 됨 | 229 | 66.2 | | | | |
| | 매우 도움이 됨 | 83 | 24.0 | | | | |
| | 계 | 346 | 100.0 | | | | |

건강관련 소비행동 중 운동을 하고 있는 종류에 대한 조사 결과 산책 38.3%, 건강체조(헬스) 19.9%, 등산 16.8%, 조깅 9.8%, 스포츠댄스 4.0%, 수영 3.7%, 배드민턴 3.2%, 에어로빅 2.7%, 요가 1.6%의 순서로 나타났다. 운동을 하게 된 동기에 대한 조사결과는 스스로의 필요성 71.8 %, 주변인 13.4%, 의사권유 11.6% TV, 신문, 책 1.7%, 인터넷 1.5%로 나타났다.

운동에 대한 효과는 도움이 됨 66.2%, 매우 도움이 됨 24.0%, 보통 9.8%로 조사되어 도움이 된다고 보았으며, 월평균 운동비용은 5만원 미만 43.8%, 전혀 들지 않음 35.8%, 5만원 이상~10만원 미만 13.3%, 10만원 이상 7.1%로 2/3(79.6%) 정도가 5만원 미만의 비용으로 운동을 하는 것으로 나타났다.

### 4) 질병과 병원 이용 및 의약품 복용

<표 6-7>에 의하면 현재 앓고 있는 질환은 혈압이 24.3%로 가장 높게 나타났으며, 다음으로 관절 19.5%, 당뇨 12.9%, 신부전증 1.2%, 치아 13.5%, 골다공증

7.0%, 허약 5.4%, 위염 4.8%, 백내장 3.5%, 심근경색 2.6%, 암 2.4%, 간질환 1.2%, 뇌졸증 0.9%, 경증치매 0.7%로 나타났다. 노인의 경우 대부분이 중복질환을 앓고 있으며, 근골격계 질환과 심혈관계 질환이 가장 많이 나타나는 것을 알 수 있다.

또한 현재 정기적으로 병원을 다니고 있는지에 대한 질문 결과 다니고 있다고 응답한 응답자가 77.4%, 다니고 있지 않다고 응답한 응답자가 22.6%로 나타났다. 병원을 다니고 있는 응답자를 대상으로 현재 다니고 있는 병원의 종류에 대해 질문한 결과 개인병원이 52.6%로 가장 높게 나타났다. 다음으로는 종합병원 31.5%, 보건소 12.2%, 한의원 3.0%, 노인전문병원 0.7%로 조사되었다. 월평균 지출되는 병원비용은 5만원 미만 51.0%, 5만원 이상~10만원 미만 25.5%, 10만원 이상~15만원 미만 17.9%, 15만원 이상 5.7%로 나타났다.

<표 6-7> 질환의 종류와 병원 이용

| 구 분 | | N | % | 구 분 | | N | % |
|---|---|---|---|---|---|---|---|
| 질환 종류 (복수) | 혈압 | 116 | 24.3 | 병원 방문 여부 | 네 | 271 | 77.4 |
| | 당뇨 | 88 | 12.9 | | 아니오 | 79 | 22.6 |
| | 신부전증 | 8 | 1.2 | | 계 | 350 | 100.0 |
| | 관절 | 133 | 19.5 | 병원 종류 | 개인병원 | 142 | 52.6 |
| | 치아 | 92 | 13.5 | | 종합병원 | 85 | 31.5 |
| | 암 | 16 | 2.4 | | 노인전문병원 | 2 | 0.7 |
| | 뇌졸증 | 6 | 0.9 | | 한의원 | 8 | 3.0 |
| | 간질환 | 8 | 1.2 | | 보건소 | 33 | 12.2 |
| | 경증치매 | 5 | 0.7 | | 계 | 270 | 100.0 |
| | 허약 | 37 | 5.4 | 월평균 병원 비용 | 5만원 미만 | 134 | 51.0 |
| | 위염 | 33 | 4.8 | | 5~10만원 미만 | 67 | 25.5 |
| | 골다공증 | 48 | 7.0 | | 10~15만원 미만 | 47 | 17.9 |
| | 백내장 | 24 | 3.5 | | 15만원 이상 | 15 | 5.7 |
| | 심근경색 | 18 | 2.6 | | 계 | 263 | 100.0 |
| | 계 | 682 | 100.0 | | | | |

<표 6-8> 의약품 복용 실태

| 구 분 | | N | % | 구 분 | | N | % |
|---|---|---|---|---|---|---|---|
| 약처방 장소 | 개인병원 | 193 | 55.5 | 약 이름 | 전혀 모름 | 32 | 9.2 |
| | 종합병원 | 91 | 26.1 | | 모름 | 170 | 49.0 |
| | 노인전문병원 | 1 | 0.3 | | 보통 | 57 | 16.4 |
| | 한의원 | 18 | 5.2 | | 알고 있음 | 84 | 24.2 |
| | 보건소 | 45 | 12.9 | | 잘 알고 있음 | 4 | 1.2 |
| | 계 | 348 | 100.0 | | 계 | 347 | 100.0 |
| 약 이름에 대한 인지도 | 전혀 모름 | 16 | 4.7 | 의약품 종류 | 1~2 개 | 239 | 69.3 |
| | 모름 | 52 | 15.1 | | 3~4 개 | 87 | 25.2 |
| | 보통 | 75 | 21.8 | | 5~6 개 | 16 | 4.6 |
| | 알고 있음 | 189 | 54.9 | | 7~8 개 | 2 | 0.6 |
| | 잘 알고 있음 | 12 | 3.5 | | 9~10 개 | 1 | 0.3 |
| | 계 | 344 | 100.0 | | 계 | 345 | 100.0 |
| 양약 개수 | 1~2 알 | 138 | 41.3 | 1일 의약품 복용 회수 | 하루에 1번 | 85 | 24.6 |
| | 3~4 알 | 150 | 44.9 | | 하루에 2번 | 146 | 42.2 |
| | 5~6 알 | 38 | 11.4 | | 하루에 3번 | 86 | 24.9 |
| | 7~8 알 | 8 | 2.4 | | 아플때만 복용 | 28 | 8.1 |
| | 계 | 334 | 100.0 | | 먹고 싶을 때만 복용 | 1 | 0.3 |
| 복용 기간 | 3개월 미만 | 73 | 21.3 | | 계 | 346 | 100.0 |
| | 6개월~1년 미만 | 67 | 19.5 | 부작용 발생 여부 | 조금 | 33 | 9.5 |
| | 1년 이상~3년 미만 | 65 | 19.0 | | 보통 | 34 | 9.8 |
| | 3년 이상~5년 미만 | 58 | 16.9 | | 그런적 없다 | 255 | 73.3 |
| | 5년 이상 | 80 | 23.3 | | 전혀 그런적 없다 | 26 | 7.5 |
| | 계 | 343 | 100.0 | | 계 | 348 | 100.0 |
| 약효과 여부 | 효과가 없다 | 11 | 3.2 | 월평균 약값 비용 | 5만원 미만 | 190 | 56.4 |
| | 보통 | 72 | 20.9 | | 5만원 이상~10만원 미만 | 97 | 28.8 |
| | 효과가 있다 | 255 | 74.1 | | 10만원 이상~15만원 미만 | 38 | 11.3 |
| | 매우 효과가 있다 | 6 | 1.7 | | 15만원 이상 | 12 | 3.6 |
| | 계 | 344 | 100.0 | | 계 | 337 | 100.0 |
| 약값 인지도 | 매우 비싼편 | 20 | 5.8 | 약값 부담자 | 본인 및 배우자 | 241 | 70.1 |
| | 비싼편 | 171 | 49.4 | | 아들 | 88 | 25.6 |
| | 보통 | 134 | 38.7 | | 딸 | 12 | 3.5 |
| | 싼편 | 21 | 6.1 | | 기타 | 3 | 0.9 |
| | 계 | 346 | 100.0 | | 계 | 344 | 100.0 |

<표 6-8>에는 의약품 복용 실태가 제시되어 있다. 약처방 장소는 개인병원이 55.5%로 가장 높게 나타났으며, 다음으로 종합병원 26.1%, 보건소 12.9%, 한의원 5.2%, 노인전문병원 0.3%의 순으로 나타났다. 현재 복용하고 있는 약의 이름을 알고 있는지에 대한 조사를 한 결과 모르고 있다고 응답한 사람이 49.0%로 가장 많았으며 다음으로 알고 있다 24.2%, 보통 16.4%, 전혀 모른다 9.2%, 잘 알고 있다 1.2%고 응답하여 대부분의 사람들이 약의 이름을 알지 못하고 있는 것으로 나타났다. 복용하고 있는 약의 효과에 대해 알고 있는지에 대한 인지도를 질문한 결과는 알고 있음 54.9%, 보통 21.8%, 모름 15.1%, 전혀 모름 4.7%, 잘 알고 있음 3.5%의 순으로 나타나 약에 대한 인지도는 높은 것을 알 수 있다.

복용하고 있는 의약품의 종류는 1-2가지가 69.3%로 가장 많았으며, 3~4개 25.2% 5~6개 4.6% 7~8개 0.6% ~10개 0.3%의 순으로 조사되었다. 복용하고 있는 양약 개수는 3~4알 44.9%가 가장 많았으며, 1~2알 41.3%, 5~6알 11.4%, 7~8알 2.4%로 거의 대부분이 4알 이하의 약을 복용하고 있는 것을 알 수 있다. 1일 의약품 복용회수는 하루에 2번이 42.2%, 하루에 3번 24.9%, 하루에 1번 24.6%, 아플때만 복용한다 8.1%, 먹고 싶을 때만 복용한다 0.3%로 하루의 2~3번으로 정기적 복용을 하는 것으로 나타났다.

현재 복용하고 있는 약의 복용기간은 5년 이상이 23.3%로 가장 높았으며, 3개월 미만 21.3%, 6개월~1년 미만 19.5%, 1년 이상~3년 미만 19.0%, 3년 이상~5년 미만 16.9%로 나타났다. 부작용 발생여부에 대하여 조사한 결과는 그런 적 없다가 73.3%, 보통 9.8%, 조금 9.5%, 전혀 그런 적 없다 7.5%로 대부분의 경우 부작용이 발생하지 않은 것을 알 수 있다. 복용하고 있는 약의 효과가 있는지를 질문한 결과 효과가 있다고 응답한 응답자가 74.1%로 가장 높게 나타났으며, 다음으로 보통 20.9%, 효과가 없다 3.2%, 매우 효과가 있다 1.7%로 나타나 약에 대한 효과가 있는 것으로 나타났다.

월평균 약값에 드는 비용을 조사한 결과 5만원 미만이 56.4%로 가장 높게 나타났으며, 5만원 이상~10만원 미만 28.8%, 10만원 이상~15만원 미만 11.3%, 15만원 이상 3.6%로 대부분이 10만원 미만의 약값을 지출하는 것을 알 수 있다. 또한 약값에 대해 느끼는 인지도는 비싼 편이라고 느끼는 사람이 49.4%, 보통 38.7%, 싼편 6.1 %, 매우 비싼편 5.8%로 대부분 비싸다고 느끼고 있는 것으로 나타났다. 그리고 약값을 부담하는 사람은 본인 및 배우자 70.1%, 아들 25.6%, 딸 3.5%, 기타 0.9%로 본인과 배우자가 부담하고 있는 것을 알 수 있다.

### 5) 의료기 사용

<표 6-9>에는 의료기 사용실태가 제시되어 있다. 조사 대상자의 보유 의료기 종류는 부항기 19.3%, 안마기 17.0%, 찜질기 13.3%, 혈압계 11.8%, 건강팔찌, 물리치료기 9.2%, 혈당계 7.8%, 족욕기 6.8%, 지압기 4.7%, 기타 0.8% 산소발생기 0.2%의 순으로 나타났다. 의료기의 사용빈도는 필요시 60.0%, 하루 1회 10.5%, 1주일 2~3회 9.5%, 1주일 1회 8.0%, 사용하지 않음 6.2%, 하루 2~3회 3.6%, 1달 1회, 2~3회 1.1%로 나타나 정기적인 사용 보다는 필요에 의해 사용하고 있는 것으로 나타났다.

의료기의 사용기간은 1년 이상~3년 미만 36.2%, 5년 이상 22.9%, 3년 이상~5년 미만 20.3%, 6개월~1년 미만 13.3%, 3개월 미만 7.4%로 나타났다. 의료기 구입동기는 주변인 51.3%, 스스로 39.6%, 의사권유 5.5% TV, 신문, 책 2.5% 인터넷 1.1%로 주변과 자신 스스로의 의지로 구입하는 경우가 대부분이었다.

의료기의 구입장소는 의료기 상사 76.0%, 마트 14.0%, TV홈쇼핑 8.1%, 인터넷 1.8%로 전문 의료기상사를 통해 구매하는 것으로 나타났다. 의료기를 구입하는 사람은 본인이 48.0%로 가장 높게 나타났고, 자녀 36.6%, 배우자 15.4%로 나타났다. 의료기의 구입 후 느낌은 좋았다 65.6%, 그저 그랬다 29.8%, 매우 좋았다 3.8%, 나빴다 0.8%로 나타나 대부분의 구입자가 구입에 대해 만족하고 있는 것으로 나타났다.

<표 6-9> 의료기 사용 실태

| | | N | % |
|---|---|---|---|
| 의료기 종류 (복수) | 부항기 | 116 | 19.3 |
| | 혈압계 | 71 | 11.8 |
| | 안마기 | 102 | 17.0 |
| | 혈당계 | 47 | 7.8 |
| | 찜질기 | 80 | 13.3 |
| | 족욕기 | 41 | 6.8 |
| | 건강팔찌 | 55 | 9.2 |
| | 산소발생기 | 1 | 0.2 |
| | 물리치료기 | 55 | 9.2 |
| | 지압기 | 28 | 4.7 |
| | 기타 | 5 | 0.8 |
| | 계 | 601 | 100.0 |
| 의료기 사용 기간 | 3개월 미만 | 20 | 7.4 |
| | 6개월-1년 미만 | 36 | 13.3 |
| | 1년 이상-3년 미만 | 98 | 36.2 |
| | 3년 이상-5년 미만 | 55 | 20.3 |
| | 5년 이상 | 62 | 22.9 |
| | 계 | 271 | 100.0 |
| 의료기 구입 장소 | 의료기 상사 | 206 | 76.0 |
| | 마트 | 38 | 14.0 |
| | TV홈쇼핑 | 22 | 8.1 |
| | 인터넷 | 5 | 1.8 |
| | 계 | 271 | 100.0 |
| 구입후 느낌 (본인) | 매우 좋았다 | 5 | 3.8 |
| | 좋았다 | 86 | 65.6 |
| | 그저 그랬다 | 39 | 29.8 |
| | 나빴다 | 1 | 0.8 |
| | 계 | 131 | 100.0 |
| 의료기 구입 비용 (연간) | 5만원 미만 | 36 | 14.6 |
| | 5~10만원 미만 | 45 | 18.3 |
| | 10~15만원 미만 | 78 | 31.7 |
| | 15~20만원 미만 | 18 | 7.3 |
| | 20만원 이상 | 69 | 28.1 |
| | 계 | 246 | 100.0 |
| 의료기 구입 갈등 경험 | 자주 그랬다 | 1 | 0.4 |
| | 조금 그랬다 | 23 | 9.6 |
| | 보통이다 | 11 | 4.6 |
| | 그런적 없다 | 153 | 64.0 |
| | 전혀 그런적 없다 | 51 | 21.3 |
| | 계 | 239 | 100.0 |

| | | N | % |
|---|---|---|---|
| 의료기 사용 빈도 | 하루 1회 | 29 | 10.5 |
| | 하루 2~회 | 10 | 3.6 |
| | 1주일 1회 | 22 | 8.0 |
| | 1주일 2~3회 | 26 | 9.5 |
| | 1달 1회 | 3 | 1.1 |
| | 1달 2~3회 | 3 | 1.1 |
| | 필요시 | 165 | 60.0 |
| | 사용하지 않음 | 17 | 6.2 |
| | 계 | 275 | 100.0 |
| 의료기 구입 동기 | 의사권유 | 15 | 5.5 |
| | 주변인 | 141 | 51.3 |
| | TV, 신문, 책 | 7 | 2.5 |
| | 인터넷 | 3 | 1.1 |
| | 스스로 | 109 | 39.6 |
| | 계 | 275 | 100.0 |
| 의료기 구입자 | 본인 | 131 | 48.0 |
| | 배우자 | 42 | 15.4 |
| | 자녀 | 100 | 36.6 |
| | 계 | 273 | 100.0 |
| 사용후 만족도 | 매우 불만족 | 3 | 1.1 |
| | 불만족 | 13 | 4.8 |
| | 보통 | 141 | 51.6 |
| | 만족 | 104 | 38.1 |
| | 매우 만족 | 12 | 4.4 |
| | 계 | 273 | 100.0 |
| 의료기 비용 인지 | 매우 비싼편 | 23 | 8.4 |
| | 비싼편 | 158 | 57.9 |
| | 보통 | 89 | 32.6 |
| | 싼편 | 3 | 1.1 |
| | 계 | 273 | 100.0 |
| 의료기 비용 부담자 | 본인 및 배우자 | 164 | 60.1 |
| | 아들 | 80 | 29.3 |
| | 딸 | 27 | 9.9 |
| | 친척 | 2 | 0.7 |
| | 계 | 273 | 100.0 |

의료기의 구입 후 사용한 만족도에 대한 조사 결과는 보통 51.6%, 만족 38.1%, 불만족 4.8%, 매우 만족 4.4%, 매우 불만족 1.1%로 만족도는 높은 것으로 조사되었다. 연평균 의료기 구입비용은 10만원 이상~15만원 미만 31.7%, 20만원 이상 28.1%, 5만원 이상~10만원 미만 18.3%, 5만원 미만 14.6%, 15만원 이상~20만원 미만 7.3%로 나타났다.

의료기의 비용에 대한 인지도는 비싼편 57.9%, 보통 32.6%, 매우 비싼편 8.4%, 싼편 1.1%로 비싸게 인식하는 것으로 나타났으며, 의료기 비용부담자는 본인 및 배우자가 60.1%로 가장 높게 나타났으며, 다음으로 아들 29.3% 딸 9.9%, 친척 0.7%로 조사되었다. 의료기 구입시 갈등을 경험하였는지에 대한 조사 결과 그런적 없다 64.0%, 전혀 그런적 없다 21.3%, 조금 그랬다 9.6%, 보통이다 4.6%, 자주 그랬다 0.4%로 나타나  갈등을 경험하지 않는 것으로 나타났다.

<표 6-10> 의료기 구매시 소비자 문제

| 구분 | | N | % |
|---|---|---|---|
| 의료기 문제발생여부 | 있다 | 22 | 8.5 |
| | 없다 | 237 | 91.5 |
| | 계 | 259 | 100.0 |
| 문제 해결 여부 | 했다 | 16 | 72.7 |
| | 하지 못했다 | 6 | 27.3 |
| | 계 | 22 | 100.0 |
| 의료기 문제 해결 방법 | 구입처를 찾아가서 | 13 | 81.3 |
| | 민간소비자 단체 통해 | 1 | 6.3 |
| | 소비자 보호센터 통해 | 2 | 12.5 |
| | 계 | 16 | 100.0 |
| 의료기 문제해결하지 못한 이유 | 방법을 몰라서 | 2 | 33.3 |
| | 귀찮아서 | 1 | 16.7 |
| | 나의 잘못인것 같아서 | 3 | 50.0 |
| | 계 | 6 | 100.0 |

| 구분 | | N | % |
|---|---|---|---|
| 문제 종류 | 작동의 어려움 | 7 | 31.8 |
| | 설명서의 어려움 | 11 | 50.0 |
| | 구조가 복잡함 | 1 | 4.5 |
| | 과도한 전기세 | 1 | 4.5 |
| | 소음 | 2 | 9.1 |
| | 계 | 22 | 100.0 |
| 문제 해결자 | 본인 | 6 | 37.5 |
| | 배우자 | 5 | 31.3 |
| | 자녀 | 5 | 31.3 |
| | 계 | 16 | 100.0 |

의료기 문제발생여부를 조사한 결과 문제가 발생한 경우가 22명(8.5%), 문제가 발생하지 않은 경우가 237명(91.5%)으로 나타났다. 의료기 구매시 문제가 발생한 22명을 대상으로 조사한 결과 문제 해결 여부는 해결했다고 응답한 응답자

가 16명(72.7%), 하지 못했다고 응답한 응답자가 6명(27.3%)으로 해결한 응답자가 더 많았다. 문제종류는 설명서의 어려움 11명(50.0%), 작동의 어려움 7명(31.8%), 소음 2명(9.1%), 구조가 복잡함과 과도한 전기세가 1명(4.5%)으로 나타났다.

의료기문제의 해결방법은 구입처를 찾아가서 해결한 경우가 13명(81.3%)으로 가장 많았으며, 다음으로 소비자 보호센터 통해 2명(12.5 %), 민간소비자 단체 통해 1명(6.3%)로 나타났다. 의료기문제를 해결하지 못한 이유는 나의 잘못인 것 같아서 3명(50.0 %), 방법을 몰라서 2명(33.3%), 귀찮아서 1명(16.7%)으로 조사되었으며, 문제를 해결한 사람은 본인이 6명(37.5%)으로 가장 많았고, 배우자와 자녀가 5명(31.3%)이었다.

# 제7장 노인소비자의 건강보조식품 소비패턴

경제수준이 향상되면서 건강에 대한 전 국민들의 관심이 증가하고 있다. 특히 노인들은 식욕감퇴, 소화장애, 치아손실, 질병 등의 노쇠현상이 나타나면서 식품의 섭취량과 영양소의 흡수율이 떨어지면서 영양부족이라는 위험요소가 증가하게 된다(Tripp 1997). 또한 노인들은 사회활동 능력의 상실로 인한 경제력의 약화로 자아존중감도 감소하게 된다. 이러한 특성 때문에 노인들은 건강에 매우 민감하게 될 수밖에 없는 상황이다. 이러한 점 때문에 건강보조식품을 복용함으로써 건강하게 장수하려는 노인들이 증가하면서(Polk, 1985), 다양한 형태의 건강보조식품이 범람하고 있다.

건강보조식품은 잘못된 식생활로 인해 부족하기 쉬운 영양물질의 대체공급원의 역할을 하는 동시에 인체 내 영양상태의 불균형을 해소하기 위하여 특정 영양물질의 보충이 필요하다는 점에서 건강보조식품의 의의를 찾을 수 있다(유양자, 홍완수, 윤선주, 최영심, 2002). 그러나 건강보조식품은 질병을 치료하는 의약품처럼 효능이나 효과가 있다고 허위표시하거나 과대광고로 인해 문제를 일으킬 소지가 있다. 효능이나 안전성 기준에 있어 사전허가를 받아야 하는 의약품과 달리 건강보조식품은 사전허가가 없기 때문에 제조업자에 의하여 검증되지 않은 효능과 안전성이 주장되고 있다(Halsted 2000). 특히 노인 소비자들은 건강보조식품을 의약품과 혼동하는 경우가 많고(김진숙, 이미영, 정선희, 이정희, 하윤석, 장경자, 2003), 또한 건강보조식품을 사용하고 있는 대부분의 사람들이 건강보조식품이 건강을 좋게 해주는 것으로 생각하고 있는 경향이 있기 때문에

(Albertazzi, Steel, Clifford & Bottazzi 2002) 문제의 심각성이 있다.

건강보조식품이 질병을 예방하고 건강하게 오래 살 수 있게 해준다는 광고와 판매원의 권유에 의하여 효능과 안정성이 의심스러운 건강보조식품까지도 전문가의 도움을 받지 않고 스스로 처방하여 구입하는 사례가 증가함에 따라 건강보조식품에 대한 오남용이 문제가 되고 있다(Eldridgel & Sheehan 1994; Gray etc. 1986; Gray etc. 1983; 김진숙 등, 2001; McIntosh 1990; Neuhouser etc. 1999; Read etc. 1985; 송병준과 김미경, 1997). 건강보조식품에는 엽산, 칼슘, 아연과 같이 노인의 식사에서 부족되기 쉬운 영양소는 거의 들어 있지 않고 영양권장량의 몇 배에 달하는 미량영양소가 들어 있는 경우가 많이 있다. 또한 이들 제품의 생체 내 이용성이 천연식품에 포함된 영양소와 다를 수 있고, 노인들은 약물과 보충제의 대사나 배설속도가 느리기 때문에 이를 필요 이상으로 과잉 복용을 하면 부작용이나 독성을 일으키기 쉬워서 해가 될 수 있다(American Dietetic Association 2001). 대부분의 노인들은 당뇨, 고혈압, 관절, 심혈관질환, 암 등의 만성질환을 가지고 있는데, 질병에 따라 건강보조식품의 섭취가 다른 것으로 보고되고 있다(Rock etc. 1997). 그러므로 노인들을 대상으로 하여 건강보조식품에 대한 분별력을 키울 수 있는 교육과 홍보가 필요하고, 전문가에 의한 올바른 정보와 개인적인 영양평가를 바탕으로 꼭 필요한 경우에만 건강보조식품을 사용하도록 권장해야 할 것이다.

한국소비자원 부산본부(연합뉴스2012년 10월 8일)에 따르면 2010년 1월부터 올 6월까지 소비자상담센터에 접수된 전국 60세 이상 노인들의 건강기능식품 소비자상담건은 4천183건으로 전체 건강기능식품 상담건 3만9천723건의 10.5%를 차지했다. 노인층의 건강기능식품 관련 소비자 상담 비중은 2010년 6.7%에서 2011년 12.9%로 2배 가까이 증가한데 이어 올들어서도 6월까지 15%에 달해 해마다 큰 폭의 증가세를 기록하고 있다.

지역별로는 서울이 997건으로 전체 노인 상담건의 25.3%로 가장 많았다. 다음으로 경기 772건(18.3%), 부산 643건(16.3%), 전북 330건(18.4%), 경남 199건(5.0%) 등의 순으로 나타났다. 이를 60세 이상 노인 인구 1만명당 피해로 환산할 경우 부산이 10.88명으로 대전 7.81명, 전북 7.22명, 서울 7.09명에 비해 크게 높은 실정이다. 5.17명 수준인 전국 평균과 비교해서도 2배 이상 높아 부산지역

노인들의 건강기능식품 관련 피해가 특히 두드러진 것으로 나타났다.

상담 이유는 '청약철회 및 계약해제' 관련 불만이 1천977건(47.3%)으로 가장 많았고 이 가운데 계약해제 및 해지, 교환, 배상, 환급 등 실제 보상을 받은 경우는 655건(15.9%)에 불과했다. 이는 사업자들이 속칭 '떴다방' 등을 통해 노인들에게 충동구매하도록 한 뒤 철수하거나 연락을 두절하는 사례가 많기 때문으로 풀이된다. 소비자불만이 많은 품목으로는 홍삼이나 인삼제품, 천마제품 등 천연 건강기능식품이 꼽혔으며, 구토와 복통, 알레르기 등 부작용이 주된 해지 및 반품 사유로 조사됐다. 구입가격은 20만~40만원대가 36%로 가장 많았지만 최저 2만원부터 최고 2천500만원까지로 다양하게 나타났다.

지금까지 노인의 건강보조식품과 관련하여 우리나라에서 이루어진 연구들은 소수에 불과한데, 구체적으로 노인성 만성 질환자의 특수영양 및 건강보조식품의 섭취실태를 조사한 연구(김진숙 등, 2003), 중년과 노년의 특수영양 및 건강보조식품 섭취와 영양 및 건강관련 요인들의 상호관련성을 다룬 연구(김진숙, 이미영, 정선희, 이정희, 유해은, 장경자, 2002), 50세 이상 노인의 건강보조 식품의 섭취와 영양 및 건강관련요인들의 관계를 다룬 연구(김진숙, 이미영, 정선희, 이정희, 김현덕, 이주희, 현태선, 장경자, 2001)가 있다.

## 1. 노인소비자의 건강보조식품 섭취실태

현재 건강보조식품을 섭취하고 있는 여부를 조사한 결과 섭취하고 있는 경우와 그렇지 않은 경우가 각각 50%로 나타났다. 선행연구 결과들과 비교해보면, 전국에 거주하는 2188명의 노인들을 대상으로 연구한 김진숙 등(2001)의 연구에서는 건강보조식품 섭취율이 약 30%로 나타난 반면, 노인성 만성 질환을 가지고 있는 50세 이상의 1146명을 대상으로 연구한 김진숙 등(2003)의 연구에서는 건강보조식품 섭취율이 약 49%로 나타났다. 노인들을 대상으로 연구한 외국의 선행연구 결과 섭취율이 30~82%로 나타났다(Read et al.,1985; Schutz et al., 1982; Stewart et al., 1989). 조사대상을 노인이 아닌 20세 이상의 성인들로 한 국내연구들에서도 건강보조식품 섭취율이 50%를 넘었으며(유양자 등, 2002), <표 7-1>에 의하면 현재 복용하고 있는 건강보조식품의 종류를 분석한 결과 글루코사민이 34.4%로 가장 복용을 많이 하는 것으로 나타났으며, 다음으로 홍삼액 18.9%, 클로렐라, 헛개나무 7.5%, 가시오가피 7.2%, 뻬콤씨 5.7%, 우루사 1.8%, 홍화씨 3.0%, 기타 14.1%의 순으로 나타났다. 기타의 경우 누에골드, 오스테민, 붕어엑기스, 상황버섯, 오메가3, 녹용다린 것, 유산하, 뽕잎다린 것, 영지버섯 다린 것, 알로에, 보약, 개소주, 십전대보탕, 차가버섯, 양파엑기스, 암웨이더블엑스, 석류즙, 녹용, 여성호르몬제 등 다양한 보조식품을 복용하고 있는 것으로 나타났다.

건강 보조식품의 1일 섭취량 중 알약개수에 대한 조사결과는 2알 38.5%, 4알 23.0%, 1알 16.1%, 5알 이상 14.4%, 3알 8.0%이었다. 또한 건강보조식품의 1일 섭취량 중 봉지수는 2봉지 59.3%, 1봉지 30.9%, 3봉지 6.6%, 4봉지 이상 3.3%로 조사되었다. 섭취기간은 6개월-1년 미만 37.2%가 가장 많았으며, 1년 이상~3년 미만 27.6%, 3개월 미만 22.2%, 3년 이상~5년 미만 7.9%, 5년 이상 5.0%로 나타났다.

건강보조식품의 구매동기는 주변인 63.2%, 스스로 26.4%, 의사권유 4.6%, TV, 신문, 책 5.9%로 나타났다. 구입 장소는 약국이 43.2%로 가장 높았으며, TV홈쇼핑 26.2%, 대리점, 기타(백화점, 탕제원, 마트, 면세점, 방문판매, 한약방) 12.7%, 시장 3.1%, 인터넷 2.2%의 순으로 나타났다.

건강보조식품을 구입한 사람을 조사한 결과는 본인이 39.2%로 가장 높았으며, 자녀 45.1%, 배우자 15.6%로 나타났다. 건강보조식품의 구입후 느낌을 본인 기준에서 조사한 결과는 좋았다 67.7%, 그저 그렇다 28.0%, 매우 좋았다 4.3%로 조사되어 매우 만족하고 있는 것을 알 수 있었다. 1일 섭취횟수는 1일 2회 72.9%, 1일 1회 16.9%, 1일 3회 6.4%, 먹고 싶을 때만 먹는다 3.8%로 나타났다.

건강보조식품의 부작용이 발생했는지에 대한 여부를 조사한 결과 그런 적 없다 84.9%, 전혀 그런 적 없다 8.8%, 보통이다 5.4%, 조금 그랬다 0.8%로 나타나 부작용이 거의 발생하지 않은 것으로 나타났다.

건강보조식품의 효과 여부는 보통이다 49.4%, 효과가 있다 46.9%, 효과가 없다 2.5%, 매우 효과가 있다 1.3%로 나타나 효과가 있다고 생각하는 것을 알 수 있다. 차후 구매의향에 대한 사항은 그렇다고 응답한 응답자가 60.3%, 보통이다 29.7%, 없다 5.4%, 매우 그렇다 3.8%, 전혀 없다 0.8%로 차후 구매의향이 있는 것으로 나타났다.

월평균 건강보조식품의 구입비용은 5만원 이상~10만원 미만 41.2%, 5만원 미만 32.9%, 10만원 이상~15만원 미만 20.6%, 15만원 이상 5.3%으로 대부분 10만원 미만의 구입비용을 나타냈다. 건강보조식품의 비용에 대한 생각은 비싼편이다 59.7%, 보통이다 34.0%, 매우 비싼편이다 3.4%, 싼편이다 2.9%로 비싸다고 생각하는 것을 알 수 있다. 건강보조식품의 구매시 비용부담자는 본인 및 배우자가 54.2%로 가장 높게 나타났으며, 아들 32.6%, 딸 12.7%, 친척 0.4%의 순으로 나타났다. 그리고 건강보조식품의 구입과 관련한 갈등을 경험한 적이 있는지에 대한 질문 결과 그런적 없다 73.7%, 전혀 그런적 없다 15.9%, 조금 그랬다 5.2%, 보통이다 4.3%, 자주 그랬다 0.9%로 갈등을 경험한 적이 거의 없음을 알 수 있다.

건강보조식품의 1일 섭취횟수는 1일 2회가 72.9%로 가장 높게 나타났고, 먹고 싶을 때만 먹는다가 3.8%로 가장 낮았다. 건강보조식품의 효과를 인지하고 있는 정도는 '보통이다'가 49.4%로 가장 높았고, '효과가 있다'고 느끼는 경우 46.9%도 높게 나타나 대부분 조사대상자들은 대부분 효과가 있다고 인지하고 있었다. 김진숙 등(2001)의 연구에서는 조사대상 노인들의 60.6%가 건강보조식품에 대해 효과가 있다고 응답하였고, 노인성 만성질환을 가진 조사대상자들을 대상으로 한 김진숙 등(2003)의 경우에도 45%가 효과가 있다고 응답하였다. 건강보조식품을 먹은 후 부작용이 발생한 적이 있는지에 대한 여부를 조사한 결과 그렇지 않은 경우가 84.9%로 대다수를 차지해 부작용 발생은 적은 것으로 나타났으며, 이러한 결과는 노인들의 대부분이 부작용을 인지하지 못했다고 응답한 선행 연구결과(김진숙 등, 2001; 2003)와도 일치하고 있다.

건강보조식품의 구입과 관련해서 가족과 갈등을 경험한 적이 있는지의 여부는 그런 적이 없다가 73.7%로 월등히 높았고, 전혀 그런 적이 없는 경우도 15.9%로 나타나 갈등을 거의 겪지 않은 것으로 나타났다. 건강보조식품에 대한 재구매 의도는 '그렇다'고 응답한 경우가 60.3%로 가장 높게 나타났고 '보통이다'가 29.7%로 나타나 대부분 건강보조식품을 다시 구매할 의사가 있는 것으로 나타났다. 본 연구결과와 유사하게, 김진숙 등(2001)의 연구에서는 건강보조식품의 계속 섭취여부에 대해 살펴보았는데, 노인들의 68%가 계속 섭취하겠다고 응답하였으며, 김진숙 등(2003)의 연구에서는 조사대상 노인의 남자 62%, 여자 68%가 계속 섭취하겠다고 답하였다.

<표 7-1> 건강보조식품 이용 실태

| 구 분 | | N | % | 구 분 | | N | % |
|---|---|---|---|---|---|---|---|
| 건강보조식품종류(복수) | 클로렐라 | 25 | 7.5 | 1일 섭취량(알약 개수) | 1알 | 28 | 16.1 |
| | 삐콤씨 | 19 | 5.7 | | 2알 | 67 | 38.5 |
| | 홍삼액 | 63 | 18.9 | | 3알 | 14 | 8.0 |
| | 우루사 | 6 | 1.8 | | 4알 | 40 | 23.0 |
| | 글루코사민 | 115 | 34.4 | | 5알 이상 | 25 | 14.4 |
| | 가시오가피 | 24 | 7.2 | | 계 | 174 | 100.0 |
| | 헛개나무 | 25 | 7.5 | 섭취 기간 | 3개월 미만 | 53 | 22.2 |
| | 홍화씨 | 10 | 3.0 | | 6개월~1년 미만 | 89 | 37.2 |
| | 기타 | 47 | 14.1 | | 1년 이상~3년 미만 | 66 | 27.6 |
| | 계 | 334 | 100.0 | | 3년 이상~5년 미만 | 19 | 7.9 |
| 1일 섭취량(봉지수) | 1봉지 | 28 | 30.9 | | 5년 이상 | 12 | 5.0 |
| | 2봉지 | 54 | 59.3 | | 계 | 239 | 100.0 |
| | 3봉지 | 6 | 6.6 | 구입 장소 | 약국 | 99 | 43.2 |
| | 4봉지 이상 | 3 | 3.3 | | 대리점 | 29 | 12.7 |
| | 계 | 91 | 100.0 | | TV홈쇼핑 | 60 | 26.2 |
| 구매 동기 | 의사권유 | 11 | 4.6 | | 인터넷 | 5 | 2.2 |
| | 주변인 | 151 | 63.2 | | 시장 | 7 | 3.1 |
| | TV, 신문, 책 | 14 | 5.9 | | 기타 | 29 | 12.7 |
| | 스스로 | 63 | 26.4 | | 계 | 229 | 100.0 |
| | 계 | 239 | 100.0 | 구입후 느낌(본인 기준) | 매우 좋았다 | 4 | 4.3 |
| 구입자 | 본인 | 93 | 39.2 | | 좋았다 | 63 | 67.7 |
| | 배우자 | 37 | 15.6 | | 그저 그렇다 | 26 | 28.0 |
| | 자녀 | 107 | 45.1 | | 계 | 93 | 100.0 |
| | 계 | 237 | 100.0 | 부작용 발생 여부 | 조금 그랬다 | 2 | 0.8 |
| 1일 섭취 횟수 | 1일 1회 | 40 | 16.9 | | 보통이다 | 13 | 5.4 |
| | 1일 2회 | 172 | 72.9 | | 그런적 없다 | 203 | 84.9 |
| | 1일 3회 | 15 | 6.4 | | 전혀 그런적 없다 | 21 | 8.8 |
| | 먹고 싶을 때만 먹는다 | 9 | 3.8 | | 계 | 239 | 100.0 |
| | 계 | 236 | 100.0 | 차후 구매 의향 | 전혀 없다 | 2 | 0.8 |
| 효과 여부 | 효과가 없다 | 6 | 2.5 | | 없다 | 13 | 5.4 |
| | 보통이다 | 118 | 49.4 | | 보통이다 | 71 | 29.7 |
| | 효과가 있다 | 112 | 46.9 | | 그렇다 | 144 | 60.3 |
| | 매우 효과가 있다 | 3 | 1.3 | | 매우 그렇다 | 9 | 3.8 |
| | 계 | 239 | 100.0 | | 계 | 239 | 100.0 |
| 월평균 건강보조 식품 구입 비용 | 5만원 미만 | 75 | 32.9 | 건강 보조 식품 비용 인지 | 매우 비싼편 | 8 | 3.4 |
| | 5~10만원 미만 | 94 | 41.2 | | 비싼편 | 142 | 59.7 |
| | 10~15만원 미만 | 47 | 20.6 | | 보통 | 81 | 34.0 |
| | 15만원 이상 | 12 | 5.3 | | 싼편 | 7 | 2.9 |
| | 계 | 228 | 100.0 | | 계 | 238 | 100.0 |
| 건강 보조 식품 비용 부담자 | 본인 및 배우자 | 128 | 54.2 | 구입 관련 갈등 경험 | 자주 그랬다 | 2 | 0.9 |
| | 아들 | 77 | 32.6 | | 조금 그랬다 | 12 | 5.2 |
| | 딸 | 30 | 12.7 | | 보통이다 | 10 | 4.3 |
| | 친척 | 1 | 0.4 | | 그런적 없다 | 171 | 73.7 |
| | 계 | 236 | 100.0 | | 전혀 그런적 없다 | 37 | 15.9 |
| | | | | | 계 | 232 | 100.0 |

<표 7-2>에는 건강보조식품 소비실태간 상관관계가 제시되어 있다. 건강보조식품의 1일 섭취횟수는 1일 섭취량 중 봉지의 수, 알약 개수, 월평균 구입비용과 의미 있으나(p<.001) 낮은 양의 상관관계를 보였다. 1일 섭취량 중 봉지의 수는 효과 인지와 의미 있으나(p<.01) 낮은 양의 상관관계(r=.296)를 보였다. 1일 섭취량 중 알약의 개수는 월평균 구입 비용과 의미가 있으나(p<.01) 역시 낮은 양의 상관관계(r=.240)를 보이고, 부작용의 발생(p<.05)과는 매우 낮은 부의 상관관계(r=-.155)를 보인다. 월평균 구입비용은 구입관련 갈등경험과 의미 있으며(p<.05) 매우 낮은 부의 상관관계(r=-.139)를 보이고 있다. 비용의 인지 정도는 부작용 발생과(p<.05), 구입 후 느낌은 효과 인지와(p<.01), 효과 인지는 재구매 의도와(p<.001), 부작용의 발생은 구입관련 갈등경험과(p<.001) 의미 있으나 모두 낮은 양의 상관관계를 보였다.

<표 7-2> 건강보조식품 구입실태 간의 상관관계

| | 1일섭취 횟수 | 1일섭 취량 (봉지) | 1일 섭취량 (알) | 월평균 구입 비용 | 비용 인지 정도 | 구입후 느낌 | 효과 인지 | 부작용 발생 여부 | 구입관련 갈등 경험 | 재구매 의도 |
|---|---|---|---|---|---|---|---|---|---|---|
| 1일 섭취량 (봉지) | .325** | 1.00 | | | | | | | | |
| 1일 섭취량 (알) | .250*** | .023 | 1.00 | | | | | | | |
| 월평균 구입비용 | .241*** | .078 | .240** | 1.00 | | | | | | |
| 비용 인지 정도 | .001 | .083 | -.059 | -.120 | 1.00 | | | | | |
| 구입 후 느낌 | -.088 | -.130 | -.002 | .092 | -.070 | 1.00 | | | | |
| 효과 인지 | .068 | .296** | .035 | .064 | .026 | .275** | 1.00 | | | |
| 부작용 발생 여부 | -.061 | .132 | -.155* | -.060 | .143* | -.015 | .091 | 1.00 | | |
| 구입관련 갈등경험 | -.070 | .114 | -.041 | -.139* | .090 | .117 | .039 | .399*** | 1.00 | |
| 재구매 의도 | -.010 | .179 | -.058 | .124 | .088 | .159 | .388*** | .023 | .073 | 1.00 |

<표 7-3> 건강보조식품 소비자 문제

| | | N | % | | | N | % |
|---|---|---|---|---|---|---|---|
| 문제 발생 여부 | 있다 | 3 | 1.3 | 피해 종류 | 건강악화 | 1 | 33.3 |
| | 없다 | 234 | 98.7 | | 변질 | 2 | 66.7 |
| | 계 | 237 | 100.0 | | 계 | 3 | 100.0 |
| 피해 사실 인지 | 주변인에 의해서 | 2 | 66.7 | 해결 여부 | 했다 | 2 | 66.7 |
| | TV,신문,책을 통해 | 1 | 33.3 | | 하지 못했다 | 1 | 33.3 |
| | 계 | 3 | 100.0 | | 계 | 3 | 100.0 |
| 해결 주체 | 본인 | 1 | 50.0 | | | | |
| | 배우자 | 1 | 50.0 | | | | |
| | 계 | 2 | 100.0 | | | | |

<표 7-3>에는 건강보조식품과 관련된 소비자 문제가 제시되어 있다. 구매시 문제가 발생 여부에 대한 조사 결과 없다가 234명(98.7%), 있다 3명(1.3%)로 거의 대부분이 문제가 발생하지 않은 것을 알 수 있다. 피해가 발생한 3명을 대상으로 피해에 관한 자세한 사항을 조사한 결과 피해종류는 변질 2명(66.7%), 건강악화 1명(33.3%)로 나타났으며, 피해사실에 대한 인지는 주변인에 의해서 2명(66.7%), TV,신문,책을 통해 1명(33.3%)이었다. 문제발생 후 해결 여부는 문제를 해결한 경우가 2명(66.7%), 하지 못한 경우가 1명(33.3%)으로 나타났으며, 해결주체는 본인과 배우자가 각각 1명(50.0%)으로 나타났다.

## 2. 건강보조식품 소비실태에 영향을 미치는 요인

<표 7-4> 성별에 따른 건강보조식품의 소비실태에 관한 차이검증

| 성별 / 소비패턴 | 남성 | | 여성 | | t값 |
|---|---|---|---|---|---|
| | m | (SD) | m | (SD) | |
| 1일 섭취횟수 | 2.05 | (0.44) | 1.80 | (0.48) | 3.919*** |
| 1일 섭취량(봉지) | 2.10 | (1.34) | 1.65 | (0.66) | 1.936 |
| 1일 섭취량(알) | 3.08 | (1.91) | 3.17 | (2.26) | -.250 |
| 월평균 구입비용 | 6.64 | (4.44) | 5.96 | (4.46) | 1.139 |
| 비용 인지정도 | 2.42 | (0.61) | 2.34 | (0.60) | .980 |
| 구입 후 느낌(본인기준) | 3.58 | (0.50) | 3.83 | (0.51) | -2.005* |
| 효과 인지 | 3.44 | (0.56) | 3.49 | (0.58) | -.590 |
| 부작용 발생여부 | 4.06 | (0.39) | 3.99 | (0.45) | 1.395 |
| 구입관련 갈등경험 | 3.98 | (0.73) | 4.01 | (0.68) | -.312 |
| 재구매 의도 | 3.62 | (0.57) | 3.58 | (0.77) | .449 |

*p<.05, ***p<.001

<표 7-4>에 의하면 2개의 변수만이 성별에 따라 의미있는 차이를 보이는 것으로 나타났다. 1일 섭취횟수(p<.001)는 여성(m=1.80)보다 남성(m=2.05)이 높게 나타나 남성은 건강보조식품을 하루에 한 번 정도 섭취하는 것으로 나타났다. 구입 후의 느낌(p<.05)은 여성(m=3.83)이 남성(m=3.58)보다 약간 더 좋다고 느끼고 있었다.

<표 7-5>에 의하면 연령에 따라서는 구입 후의 느낌(p<.01)에서만 차이가 있었고, 나머지 9개의 변수에서는 차이가 없었다. 구입 후의 느낌은 61~65세(m=3.94)의 평균이 가장 높으며 그 다음이 66~0세이고 55~60세에서는 가장 낮게 나타났다. 이는 연령이 적을수록 건강보조식품의 필요성을 느끼지 못한 것으로 보인다. 이러한 연구결과는 노인소비자들을 대상으로 하여 건강보조식품에 관한 소비자교육 프로그램을 개발하거나 실시할 때는 연령에 따라 구분할 필요가 없다는 점을 시사해준다고 볼 수 있다.

<표 7-5> 연령에 따른 건강보조식품의 소비실태에 관한 차이검증

| 소비패턴 \ 연령 | 55~60세 m (SD) | 61~65세 m (SD) | 66~70세 m (SD) | 71세 이상 m (SD) | F비 |
|---|---|---|---|---|---|
| 1일 섭취횟수 | 1.74 (0.62) | 1.95 (0.44) | 1.91 (0.40) | 1.93 (0.45) | 1.785 |
| 1일 섭취량(봉지) | 1.88 (0.81) | 1.84 (0.58) | 1.73 (0.55) | 2.19 (2.02) | .681 |
| 1일 섭취량(알) | 3.13 (2.57) | 3.09 (2.25) | 3.42 (2.13) | 2.96 (1.83) | .367 |
| 월평균 구입비용 | 5.98 (4.40) | 7.18 (5.10) | 6.41 (4.82) | 5.50 (3.48) | 1.563 |
| 비용 인지정도 | 2.48 (0.59) | 2.26 (0.58) | 2.33 (0.66) | 2.42 (0.58) | 1.432 |
| 구입 후 느낌 | 3.46 (0.51)a | 3.94 (0.42)b | 3.88 (0.62)ab | 3.75 (0.45)ab | 5.201** |
| 효과 인지 | 3.39 (0.54) | 3.52 (0.60) | 3.53 (0.50) | 3.43 (0.62) | .710 |
| 부작용 발생여부 | 4.13 (0.58) | 4.03 (0.26) | 3.93 (0.50) | 4.00 (0.33) | 2.005 |
| 구입관련 갈등경험 | 4.16 (1.05) | 3.93 (0.72) | 3.91 (0.56) | 4.01 (0.48) | 1.315 |
| 재구매 의도 | 3.63 (0.74) | 3.64 (0.69) | 3.58 (0.73) | 3.57 (0.64) | .157 |

**p<.01

<표 7-6>를 보면 학력은 2개의 변수에서 차이가 났는데, 월평균 구입비용(p<.05)을 살펴보면 고졸 이상이 약 8만원으로 가장 높은 수준이었고 무학(m=5.21만원)이 가장 낮았다. 즉 학력이 높을수록 월평균 구입비용이 증가하였다. 부작용의 발생(p<.01)에서는 중졸(m=4.17)인 경우가 가장 부작용을 덜 경험한 것으로 나타났지만 5점 리커트 척도로 측정되었음을 감안할 때 모든 집단에서 부작용은 적게 발생한 것으로 보인다.

<표 7-6> 학력에 따른 건강보조식품의 소비실태에 관한 차이검증

| 소비패턴 \ 학력 | 무학 m (SD) | 초졸 m (SD) | 중졸 m (SD) | 고졸이상 m (SD) | F비 |
|---|---|---|---|---|---|
| 1일 섭취횟수 | 1.81 (0.39) | 1.87 (0.49) | 1.89 (0.53) | 1.98 (0.48) | 1.112 |
| 1일 섭취량(봉지) | 1.83 (0.75) | 2.00 (1.92) | 1.83 (0.58) | 1.89 (0.58) | .106 |
| 1일 섭취량(알) | 2.97 (2.02) | 2.87 (1.71) | 3.24 (2.17) | 3.59 (2.79) | .938 |
| 월평균 구입비용 | 5.21 (4.70)a | 5.46 (4.09)ab | 6.36 (3.97)ab | 7.67 (4.86)b | 3.580* |
| 비용 인지정도 | 2.37 (0.62) | 2.37 (0.62) | 2.31 (0.53) | 2.44 (0.65) | .520 |
| 구입 후 느낌 | 3.70 (0.48) | 3.83 (0.38) | 3.79 (0.62) | 3.67 (0.56) | .532 |
| 효과 인지 | 3.37 (0.62) | 3.51 (0.58) | 3.53 (0.54) | 3.43 (0.56) | .863 |
| 부작용 발생여부 | 3.91 (0.48)a | 3.99 (0.31)ab | 4.17 (0.46)b | 3.98 (0.43)ab | 3.916** |
| 구입관련 갈등경험 | 3.98 (0.65) | 3.88 (0.72) | 4.05 (0.77) | 4.08 (0.62) | 1.050 |
| 재구매 의도 | 3.42 (0.82) | 3.69 (0.73) | 3.63 (0.55) | 3.59 (0.67) | 1.471 |

*p<.05, **p<.01

<표 7-7>을 보면 현재 배우자의 유무상태는 1개의 변수에서만 유의했다. 건강보조식품의 1일 섭취량(p<.01) 중 알약의 개수는 배우자가 있는 경우가(m=3.47) 그렇지 않은 경우(m=2.69)보다 높게 나타났다. 배우자가 있는 노인소비자일수록 삶에 대한 욕구가 강하고 배우자를 위해서라도 더 건강하게 살아야겠다는 의지 때문에 건강보조식품을 더 많이 먹고 있다고 볼 수 있다.

<표 7-7> 배우자 유무에 따른 건강보조식품의 소비실태에 관한 차이검증

| 소비패턴 \ 배우자 유무 | 유 m | 유 (SD) | 무 m | 무 (SD) | t값 |
|---|---|---|---|---|---|
| 1일 섭취횟수 | 1.90 | (0.47) | 1.90 | (0.48) | .81 |
| 1일 섭취량(봉지) | 1.80 | (0.66) | 2.30 | (2.00) | -1.106 |
| 1일 섭취량(알) | 3.47 | (2.51) | 2.69 | (1.46) | 2.557** |
| 월평균 구입비용 | 6.55 | (4.57) | 5.80 | (4.24) | 1.226 |
| 비용 인지정도 | 2.34 | (0.61) | 2.42 | (0.60) | -.982 |
| 구입 후 느낌(본인기준) | 3.80 | (0.50) | 3.69 | (0.55) | .926 |
| 효과 인지 | 3.49 | (0.56) | 3.45 | (0.60) | .474 |
| 부작용 발생여부 | 4.04 | (0.42) | 3.97 | (0.41) | 1.333 |
| 구입관련 갈등경험 | 3.95 | (0.75) | 4.06 | (0.60) | -1.139 |
| 재구매 의도 | 3.60 | (0.70) | 3.61 | (0.67) | -.028 |

**p<.01

<표 7-8>에 나와 있는 것처럼 현재 동거하는 가족의 수는 건강보조식품의 소비패턴과는 유의한 차이를 보이지 않았다. 노인들이 동거하고 있는 가족들은 대체로 자녀들인 경우가 많고 노인들은 자녀들의 짐을 덜어주기 위해서, 또는 노인들의 무분별한 건강보조식품이 사회문제가 되고 있기 때문에 이러한 결과가 나왔다고 유추해볼 수 있다.

<표 7-8> 동거 가족수에 따른 건강보조식품의 소비실태에 관한 차이검증

| 소비패턴 \ 동거 가족수 | 1~2명 m (SD) | 3~4명 m (SD) | 5명 이상 m (SD) | F비 |
|---|---|---|---|---|
| 1일 섭취횟수 | 1.95 (0.47) | 1.76 (0.52) | 1.89 (0.45) | 2.875 |
| 1일 섭취량(봉지) | 2.07 (1.44) | 1.52 (0.51) | 1.95 (0.59) | 1.898 |
| 1일 섭취량(알) | 3.34 (2.31) | 2.91 (2.25) | 2.92 (1.63) | .852 |
| 월평균 구입비용 | 6.37 (5.11) | 5.94 (4.25) | 6.21 (2.92) | .163 |
| 비용 인지정도 | 2.37 (0.59) | 2.35 (0.68) | 2.40 (0.56) | .114 |
| 구입 후 느낌(본인기준) | 3.79 (0.49) | 3.72 (0.54) | 3.70 (0.67) | .253 |
| 효과 인지 | 3.44 (0.62) | 3.48 (0.54) | 3.51 (0.50) | .272 |
| 부작용 발생여부 | 3.99 (0.39) | 4.09 (0.40) | 4.00 (0.50) | 1.126 |
| 구입관련 갈등경험 | 3.96 (0.64) | 4.02 (1.00) | 4.05 (0.48) | .391 |
| 재구매 의도 | 3.60 (0.70) | 3.59 (0.79) | 3.60 (0.59) | .007 |

<표 7-9>를 보면 자녀수는 4개의 변수에서 차이를 보였다. 먼저 1일 섭취횟수($p<.05$)에서는 자녀의 수가 4명(m=2.03)인 경우가 가장 많았고, 그 다음이 5명 이상이며 2명 이하가 가장 적게 섭취하고 있었다. 구입 후의 느낌($p<.01$)은 자녀의 수가 5명 이상(m=4.00)인 경우가 가장 높게 나타났고, 2명 이하(m=3.52)는 가장 낮은 수준이었다. 부작용의 발생($p<.001$)은 자녀의 수가 2명 이하인 경우(m=4.18)가 부작용의 발생이 가장 적은 것으로 나타났다. 건강보조식품의 구입과 관련하여 가족과의 갈등을 경험한 정도($p<.05$)는 부작용의 발생과 마찬가지로 2명 이하(m=4.13)가 가장 적게 경험하였음을 알 수 있다.

<표 7-9> 자녀수에 따른 건강보조식품의 소비실태에 관한 차이검증

| 소비패턴 \ 자녀수 | 2명 이하 | 3명 | 4명 | 5명 이상 | F비 |
|---|---|---|---|---|---|
| | m (SD) | m (SD) | m (SD) | m (SD) | |
| 1일 섭취횟수 | 1.75 (0.56)a | 1.87 (0.52)ab | 2.03 (0.37)b | 1.90 (0.41)ab | 3.458* |
| 1일 섭취량(봉지) | 1.78 (0.81) | 2.03 (1.64) | 1.73 (0.67) | 2.06 (0.83) | .521 |
| 1일 섭취량(알) | 3.04 (2.35) | 2.98 (2.04) | 3.33 (2.41) | 3.21 (1.74) | .244 |
| 월평균 구입비용 | 5.46 (3.07) | 6.42 (5.21) | 6.41 (5.13) | 6.63 (3.73) | .729 |
| 비용 인지정도 | 2.50 (0.58) | 2.33 (0.59) | 2.32 (0.66) | 2.35 (0.59) | 1.074 |
| 구입 후 느낌 | 3.52 (0.51)a | 3.82 (0.46)ab | 3.90 (0.54)ab | 4.00 (0.47)b | 3.831** |
| 효과 인지 | 3.38 (0.56) | 3.46 (0.53) | 3.54 (0.63) | 3.48 (0.58) | .757 |
| 부작용 발생여부 | 4.18 (0.39)a | 4.01 (0.40)ab | 3.86 (0.54)b | 4.02 (0.24)ab | 5.654*** |
| 구입관련 갈등경험 | 4.13 (0.76) | 3.97 (0.71) | 3.79 (0.83) | 4.12 (0.33) | 2.996* |
| 재구매 의도 | 3.56 (0.69) | 3.68 (0.76) | 3.69 (0.65) | 3.42 (0.64) | 1.885 |

*p<.05, **p<.01, ***p<.001

<표 7-10>을 보면 월평균 가계소득을 살펴보면 1일 섭취량 중 알약의 개수(p<.01)에서만 유의했다. 가계소득이 100만원 미만(m=3.65)인 집단이 가장 많이 섭취하고 있었고, 200만원 이상(m=2.51)은 가장 낮게 나타나 가계소득이 낮을수록 알약을 많이 섭취하고 있음을 알 수 있다. <표 7-9>에서 나타난 것처럼 월평균 용돈에 따라서 건강보조식품의 소비실태는 아무런 차이가 없었다.

<표 7-10> 월평균 가계소득에 따른 건강보조식품의 소비실태에 관한 차이검증

| 소비패턴 \ 월평균 가계소득 | 100만원 미만 | 100~200만원 미만 | 200만원 이상 | F비 |
|---|---|---|---|---|
| | m (SD) | m (SD) | m (SD) | |
| 1일 섭취횟수 | 1.92 (0.54) | 1.94 (0.38) | 1.84 (0.50) | 1.080 |
| 1일 섭취량(봉지) | 2.14 (2.10) | 1.84 (0.52) | 1.81 (0.57) | .655 |
| 1일 섭취량(알) | 3.65 (2.48)a | 3.44 (2.30)ab | 2.51 (1.57)b | 5.076** |
| 월평균 구입비용 | 5.42 (4.91) | 6.58 (4.96) | 6.57 (3.64) | 1.602 |
| 비용 인지정도 | 2.38 (0.60) | 2.34 (0.54) | 2.39 (0.66) | .123 |
| 구입 후 느낌(본인기준) | 3.77 (0.43) | 3.79 (0.57) | 3.74 (0.57) | .081 |
| 효과 인지 | 3.43 (0.63) | 3.41 (0.55) | 3.54 (0.54) | 1.165 |
| 부작용 발생여부 | 3.97 (0.42) | 4.00 (0.38) | 4.06 (0.46) | 1.027 |
| 구입관련 갈등경험 | 3.97 (0.55) | 3.96 (0.73) | 4.04 (0.77) | .373 |
| 재구매 의도 | 3.49 (0.79) | 3.56 (0.63) | 3.72 (0.65) | 2.441 |

**p<.01

<표 7-11>에는 일상생활수행능력 및 건강생활수행능력이 건강보조식품 소비실태와 어떠한 상관관계를 가지는지를 알아보기 위해 pearson 상관관계분석을 실시한 결과가 제시되어 있다. 물건구입만이 1일 섭취횟수와 의미있는 음의 상관관계를 보이고 나머지는 모두 의미있는 상관관계를 보이지 않았다. 물건을 구입할 수 있는 노인소비자일수록 건강보조식품을 하루에 섭취하고 있는 횟수가 적었다. 건강생활수행능력1은 1일 섭취횟수(p<.05)와 1일 섭취량 중 알약의 개수(p<.05)와도 의미 있지만 매우 낮은 음의 상관관계를 나타냈다. 그러므로 건강생활을 수행하는 능력이 좋을수록 건강보조식품을 덜 섭취하는 것으로 해석할 수 있다.

<표 7-11> 일상생활수행능력, 건강생활수행능력과 건강보조식품 소비

| | 일상생활 수행능력 1 | 일상생활 수행능력 2 | 일상생활 수행능력 3 | 일상생활 수행능력 4 | 건강 생활 수행 능력1 | 건강 생활 수행 능력2 | 건강 생활 수행 능력3 | 건강 생활 수행 능력4 | 건강 생활 수행 능력5 | 건강 생활 수행 능력6 | 건강 생활 수행 능력7 |
|---|---|---|---|---|---|---|---|---|---|---|---|
| 1일 섭취 횟수 | -.166 | -.122 | -.141* | -.101 | -.182** | -.058 | .046 | -.049 | -.135* | -.066 | .036 |
| 1일 섭취량 (봉지) | -.039 | .010 | -.055 | -.063 | -.093 | .012 | .042 | .032 | -.006 | .025 | .080 |
| 1일 섭취량(알) | .048 | -.057 | .029 | .088 | -.185* | -.067 | .119 | .008 | -.088 | -.024 | .008 |
| 월평균 구입 비용 | .058 | .068 | .071 | .021 | -.050 | .104 | .236*** | .170*** | .146* | .237*** | .235*** |
| 비용 인지 정도 | .009 | .092 | -.018 | -.033 | -.116 | .097 | -.017 | -.124 | .051 | -.031 | .004 |
| 구입 후 느낌 | .187 | .045 | -.007 | .066 | .197 | -.011 | .147 | .119 | -.001 | .064 | -.026 |
| 효과 인지 | .015 | .001 | -.031 | -.043 | -.007 | .092 | .124 | .034 | .091 | .130* | .043 |
| 부작용 발생 여부 | .117 | .046 | .057 | -.047 | .077 | -.056 | -.248*** | .019 | .034 | .091 | -.046 |
| 구입관련 갈등경험 | .065 | .006 | -.061 | -.009 | .065 | -.117 | -.141* | .031 | -.022 | .008 | -.236*** |
| 재구매의도 | -.007 | .066 | .099 | .026 | -.007 | .142* | .086 | .018 | .201** | .176** | .104 |

*p<.05, **p<.01, ***p<.001

일상생활수행능력1 = 집안일, 일상생활수행능력2 = 외출, 일상생활수행능력3 = 물건 구입, 일상생활수행능력4 = 금전관리

건강생활수행능력 1 = 운동, 건강생활수행능력 2 = 영양제, 건강생활수행능력 3 = 건강식, 건강생활수행능력 4 = 건강정보 획득노력,

건강생활수행능력 5 = 의료시설 이용, 건강생활수행능력6 = 건강진단, 건강생활수행능력7 = 보약섭취

영양제 섭취는 재구매의도와 낮은 양의 상관관계를 보였고, 건강식 섭취는 월평균 구입비용과 양의 상관관계를 가지고 있으나, 부작용 발생여부 및 구입관련

갈등 경험과는 음의 상관관계를 가지는 것으로 나타났다. 건강정보 획득관리는 월평균 구입비용과 낮은 양의 상관관계를 가졌으며, 의료시설 이용과 관련해서는 월평균 구입비용과 재구매 의도가 양의 상관관계를 가지는 것으로 나타났다.

건강진단의 경우 월평균 구입 비용과 효과 인지, 재구매의도와 양의 상관관계를 가지고 있었으며, 보약섭취의 경우 월평균 구입비용은 양의 상관관계를 가졌으나 구입관련 갈등경험이 음의 상관관계를 가지는 것으로 나타났다.

즉 건강관련 식품 및 의약품 등 섭취와 관련한 것은 부작용 및 구입관련 갈등 경험이 음의 상관관계를 보였고, 운동 및 의료에서는 재구매 의도가 양의 상관관계를 가졌다.

건강생활수행능력의 나머지 6개 변수에서도 다른 하위차원과 전반적으로 낮은 양의 상관관계를 보이고 있다. 특히 건강생활수행능력5(의료시설 이용)과 건강생활수행능력6(건강진단)은 높은 양의 상관관계(r=.516)를 보이고 있다(p<.001). 또한 건강생활수행능력은 주로 월평균 구입비용 및 재구매 의도와 관련이 있는 것으로 나타났다.

## 3. 노인소비자의 건강보조식품 소비패턴

<표 7-12> 건강보조식품 소비유형에 관한 군집분석

| | 매니아형 (N=82) | 과다사용 부정적인지형 (N=101) | 소량사용 긍정적인지형 (N=38) |
|---|---|---|---|
| 1일 섭취횟수 | + | + | - |
| 효과 인지 | + | - | + |
| 부작용 발생 | + | + | - |
| 구입관련 갈등 경험 | + | + | - |
| 재구매 의도 | + | - | + |

건강보조식품의 소비패턴을 나타내는 1일 섭취횟수, 효과 인지, 부작용 발생 여부, 건강보조식품의 구입과 관련된 갈등 경험, 재구매 의도의 다섯 가지를 기준으로 군집분석을 하였다. 군집분석에 사용된 케이스는 현재 건강보조식품을 섭취하고 있는 239명만 포함되었다. 가능한 군집의 수를 모두 포함하여 분석한 결과 동일한 유형이 포함되지 않는 경우가 <표 7-12>처럼 세 개의 집단으로 유형화되었다. 이렇게 분류되어진 유형은 각 특성을 고려하여 명칭을 부여하였다.

군집 1은 표준화된 점수의 부호가 모두 +이다. 다른 집단에 비하여 건강보조식품의 1일 섭취횟수가 많고, 건강보조식품의 효과를 강하게 느끼고 있는 집단이다. 또한 부작용 발생 및 건강보조식품의 구입과 관련하여 갈등도 많이 경험하였지만 재구매 의사 또한 강하다. 그러므로 건강보조식품의 구입과 섭취를 가장 적극적으로 하는 '매니아형'으로 명명하였다. 이 집단에는 82명이 포함되어 전체 221명 중 37.1%를 차지하였다.

군집 2와 군집3은 표준화된 점수의 부호가 대칭적인 구조를 보이고 있다. 군집 2는 1일 섭취횟수, 부작용 발생, 구입관련 갈등경험의 표준화된 점수의 부호는 +이나, 나머지는 -이다. 이 집단은 다른 집단에 비하여 상대적으로 건강보조식품을 많이 섭취하고 있으나, 부작용 발생 및 구입과 관련해 갈등을 겪은 경험이 많은 편이다. 또한 건강보조식품의 효과를 잘 느끼지 못하고 있고 건강보조식품에 대한 재구매 의사가 적은 집단이다. 그러므로 이 집단을 '과다사용 부정적인지형'으로 명명하였다. 이 집단은 101명(45.7%)으로 가장 많은 사람이 포함되었다.

군집 3은 다른 집단에 비해 건강보조식품을 적게 섭취하고 있고, 부작용 발생 및 구입과 관련된 갈등을 적게 경험한 집단이다. 군집 2와는 반대로 건강보조식품의 섭취량은 적지만 건강보조식품의 효과가 있다고 느끼고 있으며 재구매 의사가 상대적으로 강하다. 그러므로 이 집단을 '소량사용 긍정적인지형'으로 명명하였으며 이 집단은 38명(17.2%)으로 가장 적은 수가 포함되었다.

군집분석에 의해 분류된 세 유형이 건강보조식품의 소비패턴 변수와 의미 있는 차이를 보이는지 알아보기 위해 분산분석을 한 결과가 <표 7-13>에 제시되어 있다. 다섯 개의 변수는 모두 매우 유의한 관계를 가지는 것으로 나타났다.

<표 7-13> 건강보조식품 소비패턴에 따른 소비행동

| | 매니아형 | 과다사용 부정적인지형 | 소량사용 긍정적인지형 | F비 |
|---|---|---|---|---|
| | m (SD) | m (SD) | m (SD) | |
| 1일 섭취횟수 | 3.11 (0.35) | 2.95 (0.38) | 1.87 (0.53) | 133.541*** |
| scheffe | a | a | b | |
| 효과 인지 | 4.02 (0.16) | 2.96 (0.24) | 3.58 (0.55) | 296.680*** |
| scheffe | a | b | c | |
| 부작용 발생여부 | 2.02 (0.38) | 2.10 (0.36) | 1.66 (0.48) | 17.829*** |
| scheffe | a | a | b | |
| 구입관련 갈등경험 | 2.05 (0.70) | 2.09 (0.63) | 1.63 (0.71) | 6.782*** |
| scheffe | a | a | b | |
| 재구매 의도 | 3.91 (0.50) | 3.27 (0.66) | 3.87 (0.58) | 31.346*** |
| scheffe | a | b | a | |

***p<.001 1일 섭취횟수는 4점 리커트 척도, 나머지는 5점 리커트 척도로 측정됨

1일 섭취횟수(p<.001)부터 살펴보면 매니아형과 과다사용 부정적인지형 간에는 차이가 없고, 이 두 유형과 소량사용 긍정적인지형 간에 유의한 차이를 보였다. 다른 유형에 비해 매니아형의 섭취횟수(m=3.11)가 하루에 세 번 정도로 가장 높았다. 건강보조식품의 효과 인지(p<.001)는 세 유형 모두 차이가 있는데 그 중에서 매니아형(m=4.02)이 가장 높은 효과를 인식하고 있으며 그 다음이 소량사용 긍정적인지형이고 과다사용 부정적인지형이 가장 효과가 없다고 인식하였다.

부작용 발생여부(p<.001)는 세 유형 중에 과다사용 부정적인지형(m=2.10)에서 가장 많이 발생하였고, 그 다음이 매니아형이며 소량사용 긍정적인지형이 가장 적게 경험한 것으로 나타났다. 건강보조식품의 구입과 관련하여 갈등을 경험한 정도(p<.001)도 부작용 발생여부와 마찬가지로 과다사용 부정적인지형(m=2.09)이 가장 많이 경험하였고, 소량사용 긍정적인지형은 가장 적은 것으로 나타났다. 5점 리커트 척도로 측정되었음을 감안할 때 각 집단의 평균 점수는 3점 미만이므로 엄밀히 말하면 건강보조식품의 부작용 발생 및 구입과 관련된 갈등경험은 적게 나타남을 알 수 있다.

재구매 의도(*p*<.001)와 관련해서는 다른 집단에 비해 매니아형(m=3.91)이 가장 높았다. 그 다음이 소량사용 긍정적인지형(m=3.87)이고, 과다사용 부정적인지형(m=3.27)의 재구매 의사가 가장 낮았다. 세 유형의 평균은 모두 3점 이상으로 조사대상자들의 재구매 의도는 보통 이상임을 알 수 있다.

분류된 세 유형이 인구통계학적인 특성에 차이가 있는지를 알아보기 위하여 교차분석과 분산분석을 실시한 결과가 <표 7-14>에 제시되어 있다.

<표 7-14> 인구통계학적 변수와 건강보조식품 소비패턴

| 구분 | | 매니아형 | 과다사용 부정적인지형 | 소량사용 긍정적인지형 | $X^2$ |
|---|---|---|---|---|---|
| | | N (%) | N (%) | N (%) | |
| 성별 | 남성 | 30 ( 36.6) | 42 ( 41.6) | 14 ( 36.8) | .559 |
| | 여성 | 52 ( 63.4) | 59 ( 58.4) | 24 ( 63.2) | |
| | 계 | 82 (100.0) | 101 (100.0) | 38 (100.0) | |
| 현재 배우자 여부 | 유 | 47 ( 57.3) | 59 ( 58.4) | 26 ( 72.2) | 2.591 |
| | 무 | 35 ( 42.7) | 42 ( 41.6) | 10 ( 27.8) | |
| | 계 | 82 (100.0) | 101 (100.0) | 36 (100.0) | |

| | 매니아형 | 과다사용 부정적인지형 | 소량사용 긍정적인지형 | F비 |
|---|---|---|---|---|
| | m (SD) | m (SD) | m (SD) | |
| 연령 | 67.82 (6.43) | 67.98 (7.18) | 64.42 (7.33) | 3.987* |
| scheffe | a | a | b | |
| 교육년수 | 7.11 (4.23) | 7.38 (4.69) | 7.58 (3.40) | .173 |
| scheffe | | | | |
| 현재 동거가족수 | 3.17 (1.65) | 2.91 (1.66) | 2.95 (1.51) | .614 |
| scheffe | | | | |
| 자녀수 | 3.73 (1.21) | 3.59 (1.59) | 2.87 (1.28) | 5.152** |
| scheffe | a | a | b | |
| 월평균 가계소득 | 228.96 (134.91) | 199.89 (123.18) | 242.37 (159.35) | 1.187 |
| scheffe | | | | |
| 월평균 용돈 | 17.16 (10.52) | 17.68 (10.70) | 20.39 (10.03) | 1.291 |
| scheffe | | | | |

*p<.05, **p<.01

연령과 자녀의 수를 제외한 성별, 배우자 유무, 교육년수, 동거 가족수, 월평균 가계소득, 월평균 용돈은 세가지 집단에 있어서 유의한 차이가 없었다. 연령(p<.05)의 경우, 소량사용 긍정적 인지형의 경우 다른 두 유형보다 연령이 적은 집단이었으며, 매니아형과 과다사용 부정적인지형 간에는 차이가 없었다. 또한 자녀의 수(p<.01)에 있어서 소량사용 긍정적인지형이 자녀수가 가장 적었으며, 매니아형과 과다사용 부정적인지형 간에는 차이가 없는 것으로 나타났다.

<표 7-15> 건강보조식품 소비패턴에 따른 일상생활수행능력

| | 매니아형 | 과다사용 부정적인지형 | 소량사용 긍정적인지형 | F비 |
|---|---|---|---|---|
| | m (SD) | m (SD) | m (SD) | |
| 일상생활수행능력(집안일) | 3.72 (0.77) | 3.68 (0.93) | 4.03 (0.89) | 2.283 |
| scheffe | | | | |
| 일상생활수행능력(외출) | 3.78 (0.70) | 3.70 (0.90) | 4.18 (0.77) | 4.994** |
| scheffe | a | a | b | |
| 일상생활수행능력(물건구입) | 3.73 (0.79) | 3.72 (0.93) | 4.13 (0.78) | 3.544* |
| scheffe | a | a | b | |
| 일상생활수행능력(금전관리) | 3.41 (0.99) | 3.43 (1.02) | 3.58 (1.27) | .354 |
| scheffe | | | | |

*p<.05, **p<.01

분류된 유형에 따라 일상생활수행능력에 있어 차이를 보이는지 알아보기 위해 분산분석한 결과가 <표 7-15>에 제시되어 있다. 일상생활수행능력의 네 가지

하위차원 중 두 개의 변수에서 유의한 차이가 있었다. 외출하는데 불편이 없는 정도(p<.01)는 세 집단 중 소량사용 긍정적인지형(m=4.18)이 가장 높았고, 매니아형과 과다사용 부정적인지형은 차이가 없는 것으로 나타났다. 혼자서 물건을 구입할 수 있는 정도는 외출의 결과와 마찬가지로 매니아형과 과다사용 부정적인지형 간에는 차이가 없고, 다른 유형에 비해 소량사용 긍정적인지형(m=4.13)이 가장 높았다. 즉 소량사용 긍정적인지형은 다른 두 집단에 비해 일상생활수행능력이 뛰어나므로 상대적으로 건강한 집단임을 알 수 있다.

다음으로 건강생활수행능력에 따라 세 유형이 다른 양상을 보이는지 분석한 결과가 <표 7-16>에 제시되어 있다. 각 변수는 5점 리커트 척도로 측정되었으며 건강생활수행능력의 일곱 가지 하위차원 중 하나의 변수에서만 차이가 있었다. 몸에 좋다는 음식을 골라서 먹는 정도인 건강식(p<.05)에서 유의한 차이를 보이는데 세 유형 중에서 소량사용 긍정적인지형 집단이 나머지 두 집단보다 점수가 낮았으며, 매니아형과 과다사용 부정적인지형 집단 간에는 유의한 차이가 없었다. 건강식을 많이 챙겨먹는다는 것은 건강보조식품의 섭취와도 직결되어 있음을 알 수 있다.

<표7-16> 건강보조식품 소비패턴에 따른 건강생활수행능력

| | 매니아형 | 과다사용 부정적인지형 | 소량사용 긍정적인지형 | F비 |
|---|---|---|---|---|
| | m (SD) | m (SD) | m (SD) | |
| 건강생활수행능력(운동) | 3.19 (0.91) | 3.23 (0.85) | 3.37 (1.10) | .524 |
| scheffe | | | | |
| 건강생활수행능력(영양제) | 3.21 (0.86) | 3.06 (0.72) | 3.18 (0.96) | .826 |
| scheffe | | | | |
| 건강생활수행능력(건강식) | 3.17 (0.86) | 3.01 (0.79) | 2.70 (1.00) | 3.836* |
| scheffe | a | ab | b | |
| 건강생활수행능력(건강정보 획득능력) | 3.05 (0.83) | 3.14 (0.80) | 3.08 (0.97) | .266 |
| scheffe | | | | |
| 건강생활수행능력(의료시설 이용) | 3.70 (0.66) | 3.62 (0.73) | 3.87 (0.41) | 1.889 |
| scheffe | | | | |
| 건강생활수행능력(건강진단) | 3.24 (0.87) | 3.05 (0.95) | 3.26 (0.89) | 1.332 |
| scheffe | | | | |
| 건강생활수행능력(보약섭취) | 2.82 (0.82) | 2.68 (0.86) | 2.61 (0.89) | .978 |
| scheffe | | | | |

*p<.05

# 제8장
# 노인소비자의 가정생활만족도

옛날의 금잔디

"친구야, 우리 노래 부를까?"
"응, 무슨 노래?"
"옛날의 금잔디."
그리고 두 사람은 전화통을 들고
옛날의 금잔디를 불렀단다. 거동이
여의치 않은 친구와 살짝 맛이 간
친구 사이의 전화를 통한 금잔디 노래.
눈물이 나오려는 것을 겨우 참았다.
내 마음속으로 가을비가 내리는 것처럼
마음이 눅눅하고 시려왔다.

- 이기옥의 《나는 내 나이가 좋다》 중에서 -

최근 OECD의 '국가행복지수(NIW: National INDEX of Well-being)'에서 한국은 행복지수가 최하위로 나타났다. 행복지수가 낮은 이유는 여러 가지를 들 수 있겠으나 노인소비자들의 생활만족도가 낮다는 점도 중요한 요인이 될 수 있다. 생활만족도는 개인의 주관적 만족감이나 행복감을 의미하는 포괄적 의미의 삶의 질을 특정하는 도구로 사용되고 있다(이정의, 2010; 강선경과 박희경, 2008; 권철

등, 2006). Rice와 Miller(1990)도 삶의 질에는 일상생활의 기능, 사회적 역할의 수행, 생산성, 지적 능력, 정서적 안정과 생활만족도가 포함된다고 하였다. 노인소비자가 삶의 제반 영역에서 자신들이 지각하는 주관적 삶의 만족도가 높아야 삶의 질도 높아진다는 점에서(고승덕, 1996; 손화희, 2000; 김미령, 2008), 노년기 생활만족도는 중요한 이슈로 대두되고 있으며 각종 서비스와 프로그램의 효과성을 측정할 수 있는 하나의 기준으로 간주되기도 한다(Ebersole, 1995). 노인의 생활만족도는 삶의 질의 주관적인 측면으로 간주되고 있으며 성공적 노화의 지표로도 제시되고 있다(Melendez 등, 2009).

## 1. 노인소비자의 생활만족도 개념과 측정

생활만족이란 일반적으로 받아들여지는 행복의 일정한 목표나 욕구달성에 대한 개인의 주관적인 감정의 상태를 의미한다(Bigot, 1984; 박유진, 2002). 생활만족도는 과거 및 현재의 삶과 활동에 대한 전반적인 평가와 미래의 삶과 활동의 전반적인 전망에 대한 긍정적인 정도라고 최성재(1986)는 정의하고 있다. 노년기 생활만족도는 1961년 Havighurst에의해 성공적인 노화의 지표로 제시된 이래 여러 연구에서 다양하게 정의되어 왔다. 생활만족도는 주관적 삶의 질, 안녕감, 행복 등으로 표현되기도 하며 일반적으로 자신의 삶의 질에 어느 정도 만족스러운가에 대한 주관적 평가라 할 수 있다(김희주, 주경희, 2008). 유정이(2006)는 삶에 대한 긍정적 평가와 긍정적 정서를 포함하는 개념으로 생활만족도를 정의하고 있다.

노인의 생활만족도는 한 문항으로 전반적인 생활만족도를 측정하는 경우와 생활을 구성하는 다양한 차원에 대한 만족을 측정하는 경우로 나뉘어지는데, 노인의 생활을 구성하는 차원에 관해서는 연구자들 사이에 의견이 일치하지 않고 있는 실정이다. 이 논문에서는 다른 연령층에 비하여 노인의 교육수준이 낮다는 점을 감안하여 노인의 삶에서 기본이 된다고 할 수 있는 의생활, 식생활, 주생활을 포함하였고, 노인의 삶에 특히 중요한 영향을 미치는 여가생활과 건강생활을 포함하였다. 우리나라는 청년교육수준은 OECD 국가 중 최상이나 세대간 교육수준 격차가 제일 큰 나라중 하나이며, 노인들의 교육수준은 상대적,

절대적 수준에서 국내뿐 아니라 국제적으로도 매우 낮다(이정의, 2010).

대부분의 노인들은 노동시장에서 은퇴하였기 때문에 생활에 필요한 필수적인 시간을 제외한 대부분의 일상생활 자체가 여가활동이라고 볼 수 있다. 사회와 가정에서 특별한 역할을 하지 않고 있는 대부분의 노인의 경우 여가는 막연하게 보내야 하는 긴 시간을 의미하게 된다(김선자, 2001). 노인의 여가활동은 노년기에 나타나는 경제적, 정신적, 심리적 문제를 완화시킬 수 있다는 점에서(이동수, 2004), 노인들이 갑자기 늘어난 여가시간을 잘 활용해야 활기차고 보람된 노후생활이 되고(김미숙, 2010), 노인에게 여가시간을 유용하게 사용하는 것은 삶의 만족과 질을 좌우하는 중요한 문제가 되었다. 특히 노년기의 여가생활은 복지사회의 기초가 되고(김현숙, 강효민 2006; 임재구, 김선희 2006), 여가생활의 만족은 노인복지의 핵심사안이 될 수 있는 건강, 의료비용 등의 효과를 통해 잠재성장률도 높일 수 있다(김미숙, 김선정, 2012).

노인은 능동적이고 적극적으로 여가활동에 빈번하게 참가할수록 생활만족이 높다는 연구결과도 있다(김미숙, 김선정, 2012; 김현국, 박영순, 송영명, 2012; 조경옥, 2005; 최현식과 하정철, 2012; Jenkins, Pienta, Horgas, 2001; Kelly, 1982; Steinkamp & Kelly, 1987; Lemon, Bengtson & Peterson, 1972; Rapoport & Rapoport, 1975). 또한 스포츠 건강 활동에 참가한 경험이 생활만족의 향상에 효과적으로 기여하는 여가활동의 중요한 영역이라는 연구들도 많이 있다(Adams, 1971; DeCarlo, 1974; Heppe & Ray, 1983; Peppers, 1976; Riddick & Daniel, 1984; Russell, 1987, 1990; 전형상, 2007). 이상과 같은 연구 결과를 통하여 노인소비자의 여가생활은 생활만족도를 구성하는 중요한 요소가 된다는 것을 유추할 수 있다.

고령화와 함께 수반된 제반 문제는 가정이나 지역사회의 영역을 넘어 국가적 국제적 관심으로까지 확대되고 있고, 특히 노인소비자의 정신적, 정서적, 신체적 건강에 대한 관심이 사회적 이슈가 되고 있다(이주영과 문제우, 2011). 연장된 수명만큼 노인들은 더 많은 만성적 질병과 장애를 동반한 삶을 살아가게 될 가능성이 높기 때문이다(Zimmer and Chappell 1994). 전국 노인생활실태조사에 의하면 우리나라 65세 이상 노인의 약 91%가 관절염, 고혈압, 신경통 등 만성질환을 가지고 있는 것으로 나타났으며(한국보건사회연구원, 2005), 노인들이 느끼는 가장 어려운 점으로 건강문제가 지속적으로 보고되고 있다(통계청, 2008). 성공적 노화에 관한 대표적인 학자인 Rowe와 Kahn(1997)은 질병과 장애의 예방이 성공적 노화를 위한 가장 중요한 요소라고 지적하고 있다.

건강은 노인소비자의 삶의 질을 예측하는 가장 중요한 요인으로 제시되고 있다(윤현숙, 허소영, 2007; 이광수, 2004; 서홍란, 김희년, 2010). 건강은 일상적인 신체기능을 유지하고 독립생활을 가능하게 하는 전제조건이며, 사회활동과 대인관계를 확장할 수 있는 기회를 제공해주는 동시에 활동과 관계형성을 통해 특정 역할을 부여해줌으로써 개인의 정체성 확립에도 영향을 미친다. 질병은 노인의 문제로 흔히 표현되는 4고(四苦)중의 하나로 노인의 정서와 심리상태에 부정적인 영향을 미친다. 최근 관심이 증가되고 있는 노인우울증의 주요한 원인도 신체적 질병으로 인한 자신감 상실, 삶의 의욕저하 등과 관련이 높은 것으로 나타나고 있다(이성은, 2012).

노년기는 연령증가에 따른 건강의 쇠퇴, 기능적 손상, 사회적 역할 상실 등으로 과거에 비해 삶의 다양한 영역에서 제한을 경험할 수 있으며 이로 인해 생활만족도는 저하될 수 있다. 건강이 주관적인 안녕감에 미치는 영향은 연령이 증가할수록 더욱 커지는 경향이 있으며(Smith 등, 2002), 건강상태는 초고령 노인의 경우 생활만족도에 가장 큰 영향을 미치는 변수로 보고되고 있다(Bowling 등, 2002). 건강과 노인의 생활만족의 관계를 검토한 대부분의 연구들은 건강상태가 좋을수록 생활만족도가 증가함을 보여주고 있다(권중돈, 조주연, 2000; 김미령, 2008; 김은경, 2002; 손덕순, 2006; 조계화, 김영경, 2008; Bowling & Farquhar,1996; Pearlman & Uhlmann, 1988). 그러나 건강한 사람이 질병 또는 장애를 가진 사람보다 생활만족도가 약간 높거나 차이가 없는 경우도 있다고 주장하며 건강이 반드시 생활만족에 직접적으로 영향을 미치지 않는다고 주장한 연구도 존재한다(Decker and Schultz, 1985; Van der Zee, 1996).

## 2. 노인소비자의 가정생활만족도 수준과 유형

가정생활만족도는 의생활, 식생활, 주생활, 여가생활 및 건강생활의 5개 문항으로 구성하였고, 각 문항은 '전혀 만족하지 않는다'의 1점부터 '매우 만족한다'

의 5점을 주는 리커트형으로 측정하였다. 그러므로 가정생활만족도 점수는 5점부터 25점 사이에 분포하며 점수가 클수록 가정생활에 대하여 더 만족한다고 해석할 수 있다. 가정생활만족도 척도의 Cronbach's *α* 계수는 .880으로 매우 신뢰할 수 있는 수준으로 나타났다.

<표 8-1> 가정생활만족도

| 문항 | m | SD |
|---|---|---|
| 의생활 | 3.36 | .678 |
| 식생활 | 3.39 | .683 |
| 주생활 | 3.39 | .718 |
| 여가생활 | 3.09 | .806 |
| 건강생활 | 2.94 | .812 |

<표 8-1>에는 가정생활의 5개 영역별 만족도가 제시되어 있다. 울산시에 거주하고 있는 노인소비자들은 건강생활에 대한 만족도가 2.94로 가장 낮았고, 식생활과 주생활에 대한 만족도가 3.39로 가장 높게 나타났다. 건강생활은 중간보다 약간 낮은 수준이었고, 나머지 4개 영역에 대한 만족도는 중간을 약간 넘는 수준으로 전반적으로 가정생활에 대한 만족도는 높지 않은 것으로 나타났다. 이 연구결과는 동년배와 비교했을 때 전반적인 만족도로 0점부터 100점까지 범위를 가지는 척도에서 평균 54.7점으로 보고한 이성은(2012)의 연구결과와 비슷한 수준이다.

만성질환은 모든 연령대에 존재하나 연령이 증가할수록 만성질환 유병률은 높아지는 것으로 나타나고 있어 노인집단이 만성질환에 가장 취약한 집단이라고 할 수 있다(Wolf 등, 2002). 노인의 만성질환은 막대한 사회적 비용도 초래하게 되는데 2010년 건강보험통계에 의하면 65세 이상 노인의 연간 진료비가 1인당 약 283만 원으로 국민 평균 진료비의 3배가 넘으며 이 중 고혈압, 당뇨병 등 만성질환의 진료비가 가장 많이 소모되는 것으로 나타났다. 노인소비자들은 건강상태가 좋지 않고 만성질환에 걸리는 경우도 많아 건강생활에 대한 만족도가 다른 영역에 비하여 낮다고 해석할 수 있다.

가정생활만족을 유형화하기 위하여 5개 하위차원을 기준으로 k-평균 군집분석을 하였다. 가능한 군집의 수를 모두 포함하여 분석한 결과 동일한 유형이 포함되지 않고 해석 가능한 경우가 <표 8-2>처럼 4개의 집단으로 유형화된 것이다. 군집 1과 군집 2는 서로 반대되는 유형으로, 군집1은 5개 차원 모두에서 +값을 가지고, 군집 2는 모두 -값을 가지는 것으로 나타났다. 군집 1은 가정생활만족집단으로 명명하였는데, 26.7%를 차지하였다. 군집 2는 가정생활불만족집단으로 명명하였고, 26.3%를 차지하였다. 군집 3은 의생활, 식생활, 주생활 및 여가생활에는 만족하지 않고 건강생활에만 만족하는 것으로 나타났기 때문에 건강생활만족집단이라고 명명하였다. 군집 4는 의식주와 같은 기초생활에는 만족하나 여가와 건강에는 만족하지 못하는 특성을 가지고 있어 기초생활만족집단이라고 명명하였다.

<표 8-2> 가정생활만족도 유형화

| 하위차원 | 군집 1(n=133)<br>가정생활<br>만족집단 | 군집 2(n=131)<br>가정생활<br>불만족집단 | 군집 3(n=142)<br>건강생활<br>만족집단 | 군집 4(n=92)<br>기초생활<br>만족집단 |
|---|---|---|---|---|
| 의생활 | .93329 | -.99133 | -.51953 | .86425 |
| 식생활 | .96542 | -.96657 | -.58494 | .88348 |
| 주생활 | .95452 | -1.03120 | -.49332 | .84985 |
| 여가생활 | 1.08680 | -.80886 | -.09967 | -.26556 |
| 건강생활 | 1.12504 | -1.11436 | .13979 | -.25542 |

## 3. 노인소비자의 생활만족도와 관련요인

다양한 인구사회학적 변수들이 노인의 생활만족도에 영향을 미치는 연구를 고찰한 결과 서로 다른 결과를 보이고 있다. 연령이 증가할수록 만족도가 저하된다는 연구와(권중돈, 조주연, 2000; 김미령, 2008; 박광희, 한혜경, 2002), 나이가 많을수록 생활만족도가 높아진다는 연구도 있고(Zhang and Leung, 2002; 이성은, 2012), 연령과 생활만족도가 관계가 없다는 연구도 있다(김은경, 2002; 유정이, 2006). 생활만족도에 성별이 미치는 영향도 다양한 결과를 보이고 있는데 남성

노인의 만족도가 여성노인보다 높은 것으로 나타난 연구도 있는 반면(김은경, 2002; 유정이, 2006; 박광희, 한혜경, 2002), 노인의 생활만족도에 성별이 유의한 영향을 미치지 않는다고 보고한 연구도 있다(박기남, 2004; 정명숙, 2007). 교육수준은 일반적으로 교육수준이 높음수록 생활만족도가 높아짐을 보이고 있다(권중돈 · 조주연, 2000; 김미령, 2008; 김은경, 2002; 박광희, 한혜경, 2002; 백경숙, 권용신, 2007; 백지은, 최혜경, 2005; 성정애, 2006; Vaillant, Mukamal, 2001).

혼인상태와 자녀의 수가 생활만족도와 정적 관계를 보이는 것으로 나타났다. 다양한 스트레스적 상황에서 가족으로 부터의 지지가 소속감과 안정감을 제공함으로 생활만족도를 높이는 역할을 하는 것으로 볼 수 있다(권중돈, 조주연, 2000; 김미혜 외, 2000; 이성은, 2012; 성정애, 2006).

노인의 경제활동 참여와 생활만족도의 관계는 크게 활동이론과 역할이론의 두 가지 이론을 기반으로 설명될 수 있다(이성은, 2012). Havinghurst와 Neugarten(1969)이 제시한 활동이론은 노년기의 다양한 활동참여가 삶의 만족도를 증가시키는 역할을 한다고 주장한다. 경제활동에 참여함으로써 사회적으로 기대되고 인정되는 사회적 역할이 부여되고 이는 긍정적인 자아상을 확립하는데 도움을 줌으로써 정신건강에 긍정적인 영향을 미치게 된다는 것이다(Lemon 등, 1972). 즉 경제활동 참여는 의미있는 활동에 참여하는 기회를 제공해줌으로써 개인의 자아정체감 형성에 영향을 미치고(Manacy, 2008), 정서적 안녕을 더 유지하고 있었다(Duke 등, 2002; Zimmer 등, 1995).

사회적 역할이 인간의 행동에 미치는 영향을 설명하는 역할에 의하면(Sieber, 1974), 역할은 역할특혜, 전반적인 지위보장, 지위확장을 위한 자원, 인성과 자아의 확장이라는 4가지 유형의 긍정적 결과를 개인에게 부여한다. 역할 중에서 특히 유급노동과 같은 지위가 부여되는 역할은 타인과의 정기적인 교류 기회와 사회적 기대와 부합되는 활동기회를 제공함으로써 개인의 정신건강을 향상시킨다(Manacy, 2008). 경제활동은 일과 연관된 사회적 교류를 증대시킴으로써 사회적 관계망의 형성 및 확충에 기여하게 되고 이는 노인들의 소외와 고독감을 감소시킬 수 있다. 또한 긍정적인 자아이미지를 개발하며 일을 통해 자기통제감을 회복할 수 있고, 이를 통해 무력감을 극복하는데 도움이 될 수 있다.

Gignac(2008)의 연구에 의하면 관절염 만성질환자들은 경제활동에 참여하는 역할을 삶에서 매우 중요하게 평가하는 것으로 나타났다. 무엇보다 경제활동은 노인들의 소득증대에 기여함으로써 경제적 불안감을 경감시켜 생활만족도를 증가시키는 역할을 할 수 있다. 김미혜와 김소희(2002)의 연구는 만성질환 노인들은 월소득 대비 의료비지출이 평균 17.9%에 이르는 과중한 의료비부담을 가지고 있는 것으로 보고하고 있다. 경제적 어려움은 만성질환을 가진 개인들의 통합성, 즉 자기관리와 의미있는 삶의 균형을 획득하는데 있어 방해요소로 작용할 수 있다(Whittemore & Dixon, 2008). 실질적으로 만성질환 노인들은 경제적 부담때문에 자신에게 필요한 적절한 건강관리를 하지못하는 경우도 있다(하주영외, 2011).

일반적으로 노인의 경제상태가 좋을수록 생활만족도가 높아진다(김미령, 2008; 정명숙, 2007; 조계화, 김영경, 2008). 경제활동 참여 여부도 생활만족도에 영향을 미치는 것으로 나타나고 있다(권구영, 최정민, 2007; 권중돈, 조주연, 2000; 김소향, 이신숙, 2009; Schiwingel 등, 2009, Waters & Moore, 2002). 경제활동 참여는 만성질환 노인의 건강상태와 생활만족도의 관계를 조절하는 것으로 밝혀졌다. 즉 경제활동에 참여하는 노인은 그렇지 않은 노인보다 건강상태가 나빠짐에 따른 부정적 영향을 덜 받는다고 할 수 있다. 즉 경제활동참여가 만성질환 노인들이 주관적으로 느끼는 건강상태가 생활만족도에 미치는 영향을 완충하는 요인이 될 수 있다(이성은, 2012).

<표 8-3>에는 가정생활만족 유형별로 연령, 교육년수, 공거하는 가족 수 및 자녀수가 제시되어 있다. 먼저 연령을 살펴보면 가정생활 불만족 집단이 70.93세로 가장 나이가 많았고, 가정생활 만족 집단은 67.14세로 두 번째로 나이가 많았고, 건강생활 만족 집단이 66.72세로 세 번째로 나이가 많았고, 기본생활 만족 집단이 65.76세로 가장 젊었다. 이 결과는 가정생활만족도가 60대가 높고, 나이가 많을수록 만족도가 높다는 Zhang and Leung(2002), 이성은(2012)의 연구결과를 지지해준다. 교육연수를 살펴보면 가정생활만족집단이 8.45년으로 가장 높았고, 건강생활만족집단은 7.18년으로 두 번째로 높았고, 세 번째는 기본생활만족집단으로 6.87년, 가정생활불만족집단은 5.64년으로 가장 낮게 나타났다. 이 결과는 교육수준이 높을수록 노인들의 생활만족도가 높다는 여러 선행연구 결과들을 지지해준다.

동거하는 가족수를 살펴보면 건강생활만족집단이 3.04명으로 가장 많았고, 두 번째는 기본생활만족집단으로 2.85명, 세 번째는 가정생활불만족집단으로 2.82명, 가정생활만족집단이 2.67명으로 가장 적었다. 자녀수의 경우 가정생활불만족집단이 3.75명으로 가장 많았고, 기본생활만족집단으로 3.50명으로 두 번째로 많았고, 가정생활만족집단과 건강생활만족집단이 3.44명으로 가장 적었다. 즉 가정생활만족 유형에 따라 동거하는 가족수와 자녀 수는 큰 차이가 없다고 볼 수 있고, 가정생활에 가장 만족하고 있는 집단이 다른 집단에 비하여 동거하는 가족수와 자녀수가 가장 적었고, 가정생활에 가장 불만족하는 집단은 자녀수가 가장 많은 것으로 나타났다. 이 결과는 노인의 혼인상태와 자녀수가 생활만족도와 정적인 관계를 보인다는 선행연구와는 일치하지 않았다.

<표 8-3> 가정생활만족 유형의 사회인구학적 특성

| | 연령 | 교육년수 | 동거하는 가족 수 | 자녀 수 |
|---|---|---|---|---|
| 가정생활만족집단 | 67.14 | 8.45 | 2.67 | 3.44 |
| 가정생활불만족집단 | 70.93 | 5.64 | 2.82 | 3.75 |
| 건강생활만족집단 | 66.72 | 7.18 | 3.04 | 3.44 |
| 기본생활만족집단 | 65.76 | 6.87 | 2.85 | 3.50 |

<표 8-4> 가정생활만족 유형의 가계 경제상태

| | 월평균 가계소득 (만원) | 월평균 생활비(만원) | | | 월평균 용돈 (만원) | 1회 모임시 지출하는 비용 (만원) |
|---|---|---|---|---|---|---|
| | | 의생활비 | 식생활비 | 여가생활비 | | |
| 가정생활만족집단 | 229.36 | 23.58 | 53.76 | 26.62 | 20.38 | 2.22 |
| 가정생활불만족집단 | 145.25 | 10.63 | 48.03 | 12.60 | 9.87 | 2.23 |
| 건강생활만족집단 | 186.30 | 15.92 | 49.54 | 16.33 | 13.88 | 2.53 |
| 기본생활만족집단 | 229.73 | 21.22 | 52.86 | 24.07 | 20.55 | 2.43 |

<표 8-4>에는 가정생활만족 유형별로 가계의 경제상태가 제시되어 있다. 월평균 가계소득은 기본생활만족집단이 229.73만원, 가정생활만족집단은 229.36만원, 건강생활만족집단은 186.30만원, 가정생활불만족집단은 145.25만원으로 나타났다. 월평균 의생활비, 월평균 식생활비, 월평균 여가생활비 모두 가정생

활만족집단과 기본생활만족집단이 가정생활불만족집단과 건강생활만족집단보다 많은 것으로 나타났다. 월평균 용돈의 경우에도 20만원 정도를 사용하였고, 건강생활만족집단은 약 14만원, 가정생활불만족집단은 약 10만원 정도를 사용하고 있었다. 1회 모임을 할 때 지출하는 비용은 2.22만원에서 2.53만원으로 큰 차이가 나지 않았다. 그러므로 생활비를 많이 쓰는 노인들이 적게 쓰는 노인들보다 가정생활만족도가 툲다고 해석할 수 있다. 이 결과는 노인의 경제상태가 좋을수록 생활만족도가 높아진다는 선행연구(김미령, 2008; 정명숙, 2007; 조계화, 김영경, 2008) 결과와 일치하였다.

가정생활만족집단의 교육수준이 가장 높은 것으로 나타나 노년기 이전의 교육수준이 가정생활만족도 영향을 미치는 것으로 나타났다. 노년기의 교육프로그램에 참가 정도가 노후생활만족도에 영향을 미치므로(김현국, 박영순, 송영명, 2012) 노인들이 단순히 여가활동이 아니라 성취감을 지속적으로 제공해줄 수 있는 노인을 위한 평생교육 프로그램이 다양하게 제공되어야 할 것이다. 우리나라 노인들의 교육수준은 상대적, 절대적 수준에서 국내에서 뿐 아니라 국제적으로도 낮은 것으로 알려져 있기 때문이다(이정의, 2010).

김현국, 박영순, 송영명(2012)은 친구와 가족과의 관계를 많이 유지할수록 노후생활만족도가 높다고 하였다. 즉 자녀와의 만남 횟수와 친구와 연락횟수가 많을수록 생활만족도가 높았다. 김지은(2002)의 연구에서도 자녀에 대한 만족도가 높은 노인일수록 생활만족도가 높았다. 박경숙(2000)과 DuPertuis, Aldwin, Bosse(2001) 등은 가족관계보다 친구관계가 생활만족도에 더 큰 영향을 미친다고 하였다. 의무적인 가족관계 보다는 선택적이며 자발적으로 형성된 친구관계가 정서적 친밀감, 동료애, 지역사회와 통합, 자기 가치감의 재확인 기회를 제공해주기 때문이다. 박경숙(2000)은 가족하고만 관계를 맺고 있는 노인들보다 가족과 지역사회와 동시에 연계된 노인들의 생활만족도가 더 높다고 하였다. 그러므로 노인소비자들의 생활만족도를 높이기 위해서는 노인들이 활발하게 참여할 수 있는 지역사회 활동 프로그램을 많이 제공하고 그러한 프로그램을 통하여 친구를 맺고 관계함으로써 과도하게 자식이나 동거하는 가족에게 요구하는 정도를 줄임으로써 동거하는 가족이나 자녀들의 부담을 줄여주고 질적으로 높은 상호작용을 하게 하는 정책이 필요하다고 본다.

<표 8-5> 가정생활만족 유형의 건강관련 소비지출

| | 월평균 식이요법 비용 (만원) | 월평균 운동 비용 (만원) | 월평균 병원비 (만원) | 월평균 약값 (만원) | 월평균 건강보조식품 구입비 (만원) | 연평균 의료기 구입비 (만원) |
|---|---|---|---|---|---|---|
| 가정생활만족집단 | 6.43 | 3.41 | 5.64 | 4.43 | 6.01 | 15.41 |
| 가정생활불만족집단 | 6.40 | 1.11 | 6.64 | 4.32 | 5.83 | 24.85 |
| 건강생활만족집단 | 8.48 | 2.54 | 4.00 | 4.08 | 6.86 | 13.89 |
| 기본생활만족집단 | 6.45 | 2.55 | 5.52 | 6.19 | 5.83 | 20.48 |

<표 8-5>에는 가정생활만족 유형별로 건강관련 월평균 소비지출액이 제시되어 있다. 월평균 식이요법 비용은 건강생활만족집단이 8.48만원으로 나머지 세 집단에 비하여 2만 원 정도가 더 많았다. 건강생활만족집단은 소득은 가정생활만족집단과 기본생활만족집단에 비하여 적으나 식이요업에는 가장 많은 돈을 사용하고 있었다. 월평균 운동비용은 가정생활만족집단이 3.41만원으로 가장 많이 사용하고 있었고, 가정생활불만족집단 1.11만원으로 가정생활만족집단의 1/3 정도만을 사용하고 있었다. 그러므로 운동에 지출을 많이 하는 집단이 적게 하는 집단보다 가정생활만족도가 높은 것을 알 수 있었다.

규칙적인 신체활동과 운동이 노인의 건강과 행복에 기여한다. 신체활동과 운동을 통하여 건강한 육체가 보존되고, 일상생활의 스트레스가 해소되고 다른 사람과 어울리는 과정에서 즐겁게 되고, 대인관계가 개선되고, 자식에게 의존하는 정도가 줄어들고, 자신의 생활에 대하여 자신감을 가지게 됨으로써 생활만족도가 높아진다(강현욱, 김지태, 권일권, 2008; 김대훈, 윤형기, 유경종, 오경아, 조영규, 강동훈, 강신규, 이영준, 김선일, 2005; 송지준, 엄인숙, 2008; 윤귀현, 2009). 자신의 운동을 위하여 지출을 많이 하는 노인들은 지출을 적게 하는 노인들에 비하여 더 적극적으로 운동을 하고, 혼자 하는 것보다는 집단으로 하는 운동에 참여할 가능성이 더 많기 때문에 대인관계의 질이 더 높아지고 생활에 대한 만족도도 더 높아진다고 해석할 수 있다.

지방자치단체와 노인단체에서는 노인들이 비용을 적게 들이고도 재미있게 운동을 할 수 있는 다양한 프로그램을 개발해서 시행하고 더 많은 노인들이 참여할 수 있는 방안도 고안해야 할 것이다. 운동을 통하여 심신이 더 건강해지고,

생활의 활력소를 얻을 수 있고, 나아가 자녀세대와의 갈등도 예방함으로써 노인세대와 자녀세대의 가정생활의 질을 함께 제고시킬 수 있고, 노인의 치료비도 줄일 수 있기 때문이다.

월평균 병원비는 가정생활불만족집단이 6.64만원으로 가장 많았고, 건강생활만족집단이 4.00만원으로 가장 적었다. 월평균 약값은 기본생활만족집단이 6.19만원으로 나머지 3집단에 비하여 많았고, 건강생활만족집단이 6.86만원으로 가장 많았고, 가정생활불만족집단과 기본생활만족집단이 5.83만원으로 가장 적었다. 연평균 의료비구입비는 가정생활불만족집단이 24.85만원으로 가장 많았고, 그 다음은 기본생활만족집단으로 20.48만원이었고, 가정생활만족집단이 15.41만원으로 가장 적었다.

# 참고문헌

강석훈(2011). 조선일보. 1월 10일자, A(35).

고령화미래사회위원회(2005). 고령친화산업 활성화 방안.

권구영, 최정민(2007). 노인 일자리사업 참여 경험과 삶의 질간의 관계: 전라남도를중심으로. 노인복지연구, 38, 51-78.

권중돈(2009). 노인복지론. 서울: 학지사.

금재호(1997). 도시근로자의 실업실태와 정책. 한국노동연구원.

김대훈, 윤형기, 유경종, 오경아, 조영규, 강동훈, 강신규, 이영준, 김선일(2005). 노인의 사회 인구학적 특성과 생활체육 참가 및 생활만족의 관계. 한국체육학회지, 13(1), 109-122.

김동배, 이윤화, 안인경(2004). 노인의 소득창출을 위한 직업능력개발에 관한 연구. 한국노년학, 24(1), 107-127.

김미령(2008). 여성노인의 삶의 만족에 영향을 미치는 성공적 노화의 구성요소. 한국노년학, 28, 33-48.

김미숙(2010). 한국과 호주 노인의 여가활동 실태 비교 분석 연구. 한국체육과학회지, 19(2), 167-184.

김미숙, 김선정(2012). 노인의 여가만족이 생활만족에 미치는 영향. 한국사회체육학회지, 47, 739-748.

김미혜, 이금룡, 정순둘(2000). 노년기 우울증 원인에 대한 경로분석. 한국노년학 20, 211-226.

김소향, 이신숙(2009). 노인 일자리사업 참여 여부에 따른 노인의 자아존중감과 생활만족도에 관한 연구. 한국노년학, 29, 309-327.

김순미(1998). 재무계획 수립을 위한 노인가계의 재정상태 분석. 대한가정학회지, 36(10), 179-196.

김연정(1998). 은퇴노인가계와 취업노인가계의 소득, 지출 및 자산의 비교분석. 대한가정학회지, 36(7), 57-67.

김영신, 서정희, 송인숙, 이은희, 제미경(2007). 소비자와 시장환경. 시그마프레스.

김진숙, 이미영, 정선희, 이정희, 김현덕, 이주희, 현태선, 장경자(2001). 50세 이상

성인 및 노인의 특수영양 및 건강보조 식품의 섭취 실태. 2001:대한지역사회영양학회지:6(5):798-808.
김진숙, 이미영, 정선희, 이정희, 유해은, 장경자(2002). 중년 및 노년의 특수영양 및 건강보조 식품의 섭취와 영양 및 건강관련 요인들의 상호관련성에 관한 연구. 2002:대한지역사회영양학회지:7(2):199-210.
김진숙, 이미영, 정선희, 이정희, 하윤석, 장경자(2003). 노인성 만성 질환자의 특수영양 및 건강보조 식품의 섭취실태. 2003:한국영양학회지:36(2):200-210.
김진욱(1998). 실업급여 수급권자의 재취업에 관한 실증연구. 연세대학교 석사학위논문.
김학주, 우경숙(2004). 중고령자의 재취업 결정 요인에 관한 연구. 한국노년학, 24(2), 97-110.
김현국, 박영순, 송영명(2012). 노인의 대인관계 정도 및 여가활동 참여가 노년기 우울과 노후생활 만족도에 미치는 영향. 한국여가레크리에이션학회지, 36(1), 1-15.
김현숙, 강효민(2006). 노인여가복지시설의 생활체육프로그램 참가가 심리적 복지에 미치는 영향. 한국체육학회지, 45(6), 91-104.
김희주, 주경희(2008). 한국적 성공적 노후척도를 활용한 노인의 삶의 만족에 관한 연구. 노인복지연구, 41, 125-158.
노인 일자리 사업 확대(2008, 4.1). 한국정책방송.
라윤정(1993). 우리나라 실업자의 특성 분석: 1992년 “경제활동인구조사” 패널자료를 중심으로. 서강대학교 석사학위논문.
문숙재, 김순미(1997). 은퇴준비를 위한 재무계획 프로그램 개발에 관한 기초연구. 대한가정학회지, 35(5), 1-16.
문숙재, 김순미, 김연정(1996). 노인가계와 비노인가계의 재정상태 비교분석. 한국가정관리학회지, 14(3), 223-235.
박광희, 한혜경(2002). 농촌노인의 생활만족도에 영향을 미치는 요인. 한국노년학연구, 11, 43-61.
박기남(2004). 생애구술을 통해 본 독거 여성노인의 삶. 페미니즘연구, 4, 149-194.
박대식(2011). 100세 시대 도래에 따른 농어촌 대응 방안. 100세 시대 종합컨퍼런스: 역동적인 100세 사회 어떻게 만들어야 하나?
박유진(2002). 여가경험과 여가정체성 현출성이 여가 및 생활만족에 미치는 영향: 적극형 여가를 중심으로. 중앙대학교 대학원 박사학위논문.
방하남, 신동균, 김동헌, 신현구(2005). 인구 고령화와 노동시장 변화 및 노동정책과제. 한국노동연구원.
백경숙, 권용신(2007). 노년기의 경제활동과 여가활동 유형에 따른 심리적 복지감 연구. 한국노인복지연구, 35, 87-105.
백지은, 최혜경(2005). 한국노인들이 기대하는 성공적인 노화의 개념, 유형 및 예측 요인. 한국가정관리학회지, 23(3), 1-16.
보건복지부(2002). 마드리드 고령화 국제 행동계획.

서정희(2011). 노인소비자의 구매문제 인식유형과 관련변수:울산광역시를 중심으로. 한국생활과학회지, 20(2), 365-376.

서정희(2012). 노인소비자의 가정생활만족. 울산대학교 생활과학논문집, 11권 1,2호, 1-16.

서정희, 안혜경, 허은정, 김혜림, 복미정, 강한나(2007). Health supplement food consumption pattern of the elderly. Journal Of The Korean Data Analysis Society, 9(3), 1059-1076.

서정희, 안혜경, 허은정, 복미정, 강한나(2008). 울산광역시 노인소비자의 노인복지시설 형태별 이용의도와 관련요인. 울산대학교 생활과학논문집, 9권 1호, 17-28.

서정희, 허은정(2008). 울산 거주 노인의 취업유무와 가계경제생활. 한국생활과학회지, 17(5), 939-950.

서정희, 허은정(2011). 노인복지시설에 대한 노인소비자의 요구도와 이용의도. 소비자정책교육연구, 7권 1호, 1-18.

서정희, 허은정(2013). 울산 기혼 여성소비자의 가계재무관리. 울산대학교 출판부.

서정희, 허은정, 복미정, 강한나(2007). 울산광역시 고령자의 취업요구 실태와 취업서비스 기관의 현황. 울산대학교 생활과학논문집, 8(2), 33-48.

서홍란, 김희년(2010). 요보호여성독거노인의 심리적 안녕감에 영향을 미치는 요인. 정신보건과 사회사업, 35, 176-202.

성영애, 양세정(1997). 노인가계와 비노인가계의 소비지출구조 및 관련요인의 비교 분석. 대한가정학회지, 35(5), 103-118.

성정애(2006). 농촌노인의 삶의 만족도에 영향을 미치는 요인에 관한 연구: 청원군을 중심으로. 청주대학교 석사학위 논문.

송병준, 김미경(1997). 노년기의 비타민·무기질 보충제 복용실태 조사. 1997:한국영양학회지:30(2):139-146.

송순영(2006). 고령자 소비자정책의 발전방향. 2006:소비자문제연구:30:29-62.

양세정, 성영애(2001). 노인가계의 경제구조 분석. 한국가정관리학회지, 19(1), 173-190.

어수봉(1994). 고용관련법의 경제학-노동유연성과 고용안정의 법제도화의 문제. 산업관계연구, 4, 15-28.

여윤경(1999). 가계 은퇴자산의 충분성. 소비자학연구, 10(4), 41-59.

원시연(2012). 민간부문 노인일자리사업의 현황과 과제. 국회입법조사처 이슈와 논점 419.

유양자, 홍완수, 윤신주, 최영심(2002). 서울지역 성인들의 건강보조식품 섭취실태에 관한 연구. 2002:한국조리과학회지:18(2):136-146.

유정이(2006). 노인의 연령에 따른 삶의 만족도에 영향을 미치는 요인. 복지행정연구, 22, 241-254.

윤순덕(2004). 농촌노인의 생산적 활동과 심리적 복지. 서울대학교 대학원 박사학위논문.

윤현숙, 허소영(2007). 노인의 건강상태가 생활만족도에 미치는 영향에 대한 사회적 관계의 매개효과 및 중재효과. 한국노년학, 27, 649-666.
이 혁, 위성식(2007). 사회체육에 참여하는 노인의 여가만족도가 생활만족도에 미치는 영향. 한국사회체육학회지, 30, 799-810.
이광수(2004). 노인의 신체적 건강상태가 생활만족도에 미치는 영향. 순천향자연과학연구, 10, 523-530.
이성은(2012). 만성질환 노인의 주관적 건강상태와 생활만족도의 관계에서 경제활동참여의 조절효과. 정신보건과 사회사업, 40, 234-262.
이소정(2011). 100세 시대 대비 중고령자 사회 참여 활성화 방안. 100세 사회 어떻게 만들어야 하나?
이수영(2011). 100세 시대 도래의 시사점과 정책방향. 100세 시대 종합컨퍼런스: 역동적인 100세 사회 어떻게 만들어야 하나?
이정의(2010). 한국노인의 교육수준별 생활만족 결정요인: 사회적 관계 및 참여, 건강을 중심으로. 한국노년학, 30, 709-726.
임재구, 김선희(2006). 노인들의 여가와 스포츠활동에 의한 스포츠문화성향에 관한 연구. 한국여가레크리에이션학회지, 30(3), 27-37.
임종호(2004). 노인의 생활체육참가와 생활만족. 한국사회체육학회지, 22, 747-756.
전형상(2007). 여가스포츠 참가자의 생활만족에 대한 구조모형. 한국여가레크리에이션학회지, 31(4), 229-241.
전형상(2010). 여가스포츠 참가자의 여가경험이 생활만족에 미치는 효과. 한국여가레크리에이션학회지, 34(4), 103-112.
정명숙(2007). 우리나라 노인의 삶에 대한 만족도: 시설노인과 일반노인의 비교. 한국심리학회지 발달, 20, 145-169.
조계화, 김영경(2008). 한국노인의 우울, 자살생각 및 삶의 만족도 영향 요인. 한국간호교육학회지, 14, 176-187.
조윤주(2011). 성공적 노화와 선택과 보상 책략에 의한 최적화의 질적 연구:사회활동 참여 노인을 중심으로. 대한가정학회지 48(6), 133-147.
최성재(1986). 노인 생활만족도 척도개발에 관한 연구. 이화여대 한국문화연구원논총, 49, 233-258.
최재원(2012). 100세 시대 남 일 아니다…'은퇴 크레바스〈crevasse : 55세 퇴직이후 10년간 수입 공백기〉'를 메워라. 해럴드경제 2012년 5월 29일.
최현석, 하정철(2012). 노인의 생활전반 만족에 영향을 미치는 요인에 관한 연구. 한국데이터정보과학회지, 23, 9(1), 131-142.
통계청(2008). 고령자통계.
하주영, 이은희, 손현미(2011). 노인의 만성질환 경험. 질적 연구 12, 11-24.
한국보건사회연구원(2005). 전국노인생활실태조사.
홍길표(2011). 고령사회화에 대응하기 위한 중소벤처기업 지원 방안. 100세 시대 종합컨퍼런스: 역동적인 100세 사회 어떻게 만들어야 하나?

홍원구(2011). 100세 시대 금융의 역할:세제 혜택 금융산업의 역할. 100세 시대 종합컨퍼런스: 역동적인 100세 사회 어떻게 만들어야 하나?

ADA Report.(2001). Position of the American Dietetic Association: food fortification and dietary supplements. *J Am Diet Assoc, 101(1), 115-125.*

Adams, D. L.(1971). Correlates of satisfaction among the elderly. *Gerontology, 11,* 64-68.

Baltes, P.B. & Baltes, M.M.(1990). Psychological perspectives on successful aging: The model of selective optimization with compensation. In P. B. Baltes and M.M. Baltes(Eds.), Successful Aging: Perspectives from the Behavioral Science(pp. 1-30), Cambridge U.K.: Cambridge Press.

Bigot, A.(1984). The relevance of American life satisfaction indices for research on British subjects before and after retirement. *Age and Aging,* 3, 113-121.

Bowling, A., D. Banister, S. Sutton, O. Evans, and J. Windsor.(2002). A Multidimensional Model of the Quality of Life in Older Age. *Aging and Mental Health, 6,* 355-371.

Bowling, A., Farquhar, M.(1996). Associations with canges in life satisfaction among three samples of elderly people living at home. International *Journal of Geriatric Psychiatry, 11,* 1077-1087.

DeCarlo, T. J.(1974). Recreation participation patterns and successful aging. *Journal of Gerontology, 29(4),* 416-422.

Decker, S. D., Schultz, R.(1985). Correlates of Life Satisfaction and Depression in Middle-Aged and Elderly Spinal Cord Injured Persons. *American Journal of Occupational Therapy, 39,* 740-745.

Duke, J., Leventhal, H, Brownlee, S., Leventhal, E. A.(2002). Giving up and Replacing Activities in Response to Illness. *Journals of Gerontology: Series B, Psychological Sciences and Social Sciences, 57,* 367-376.

Ebersole, P.(1995). Quality of Life: What is it?. *Geriatric Nursing* 16, 49-50.

Eldridgel, A.L., Sheehan, E.(1994). Food supplement use and related beliefs: survey of community college students. *Society for Nutrition Education, 26(6)*, 259-265.

Esping-Anderson, G (ed.).(1996). Welfare States in Transition: National Adaption Global Economics. *London, Sage.*

Gignac M. A., Backman, C. L., Davis, A. M., Lacaille, D., Mattison, C. A., Montie, P., Badley, E. M.(2008). Understanding Social Role Participation: What Matters to People With Arthritis?. *Journal of Rheumatology, 35,* 1655-1663.

Gray, G.E., Paganini-hill, A., Ross, R.K.(1983). Dietary intake and nutrient supplement use in a southern California retirement community. *Journal of American Clinical Nutrition, 38,* 122-128.

Gray, G.E., Paganini-hill, A., Ross, R.K., Henderson, B.E.(1986). Vitamin supplement use in a southern california retirement community. *Journal of American Dietetics Association, 86,* 800-802.

Halsted, C.H.(2000). Dietary supplements and the American Journal of Clinical Nutrition, *71,* 399-400.

Havighurst, R. J., Neugarten, B. L.(1969). American Indians and White Children: A Social Psychological Investigation. Chicago: University of Chicago Press.

Heppe, G., Ray, R. O.(1983). Recreational activity breadth and intensity and the relationship to life happiness of older aduts. Paper presented at the meeting of National Recreation and Park Association, Kansas City, MO.

Howland, M, Peterson, GE.(1988). Labor Market Conditions and the Reemployment of Displaced Workers. *Industrial and Labor Relations Review. 42(1),* 109-122.

Jenkins, K., Pienta, K., Horgas, A.(2001). Activity and health-related quality of life in continuing care retirement communities. *Research on Aging, 24(1),* 124-149.

Kelly, J. R., Steinkamp, M. W., Kelly, J. R.(1987). Later-life satisfaction; Does leisure contribute?. *Leisure Sciences, 9,* 189-200.

Lang, F.R., Rieckmann, N. & Baltes, M.M.(2002). Adapting to aging losses: Do resources facilitate strategies of selection, compensation, and optimization in every functioning?. *Journal of Gerontology, 57(6),* 501-509.

Lemon, B. W., Bengtson, V., Petersen, V.(1972). An Exploration of the Activity Theory of Aging: Activity Types and Life Expectation among In-Movers to a Retirement Community. *Journal of Gerontology, 27,* 511-523.

Manacy, P.(2008). Later Life Social Engagement and Health. Florida State University College of Social Sciences, Doctoral Dissertation.

McIntosh, W.A.(1990). The relationship between beliefs about nutrition and dietary practices of the elderly. *Journal of American Dietetics Association, 90(6),* 671-675.

Melendez, J., Tomas, J., Oliver, A., Navarro, E.(2009). Psychological and Physical Dimensions Explanning Life Satisfaction among the Elderly: A Structural Model Examination. *Archives of Gerontology and Geriatrics, 48,* 291-295.

Moehrle, T.(1990). Expenditure Patterns of the Elderly: Workers and Nonworkers, *Monthly Labor Review. 113(5),* 34-41.

Nelson-Horchler.(1987). The Trouble with Temps. *Industry Week(Dec. 14),* 53-57.

Neuhouser, M.L., Patterson, R.E., Levy, L.(1999). Motivations for using vitamin and mineral supplements. *Journal of American Dietetics Association, 99(7),* 851-854.

Pearlman, R. A., Uhlmann, R. F.(1988). Quality of life in chronic diseases: Perceptions of elderly patients. *Journal of Gerontology, 43,* 25-30.

Peppers, L. G.(1976). Patterns of leisure and adjustment to retirement. Gerontology. 16, 441-446.

Polk, M.R.(1985). The dietitian vs. food faddism: an educational challenge. *Journal of American Dietetics Association, 85(10),* 1335-1337.

Read, M., Schutz, H.G., Bendal, R., Bhalla, V. Harrill, I., Mitchell, M.E., Read, M.H.,

Graney, A.S.(1982). Food supplement usage by the elderly. *Journal of American Dietetics Association, 80,* 250-253.

Riddick, C. C., Daniel, S. N.(1984). The relative Contibution of leisure activities and other factors to the mental health of older women. *Journal of Leisure Research, 16(2),* 136-148.

Rock, C.L., Newman, V., Flatt, S.W., Farber, S., Wright, F.A., Pierce, J.P.(1997). Nutrient intakes from foods and dietary supplements in women at risk for breast cancer resurence. *Nutrition and Cancer, 29,* 133-139.

Rowe, J., Kahn, R.(1997). Successful Aging. The Gerontologist, 37, 433-440.

Rubin, R, Nieswaidomy, M.(1994). Expenditure Patterns of Retired and Nonretired Person. *Monthly Labor Review, April,* 10-21.

Russell, R. V.(1987). The importance of recreation satisfaction and actvity participation to the life satisfaction of age segregated retires. *Journal of Leisure Research, 19,* 273-283.

Russell, R. V.(1990). Recreation and quality of life in old age: A causal analysis. *Journal of Applied Gerontology, 9(1),* 77-90.

Schwingel, A., Niti, M. M., Tang, C., Ng, T.P.(2009). Continued Work Employment and Volunteerism and Mental Well-Being of Older Adults: Singapore Longitudinal Ageing Studies. *Age and Ageing, 38,* 531-537.

Sieber, S. D.(1974). Toward a Theory of Role Accumulation. *American Sociological Review 39,* 567-578.

Smith, J., Borchelt, M., Maier, H., Jopp, D.(2002). Health and Well-Being in the Young Old and Oldest Old. *Journal of Social Issues, 58,* 715-732.

Tripp, F.(1997). The use of dietary supplements in the elderly: current issues and recommendations. *Journal of American Dietetics Association, 97(2),* 181-183.

Vaillant, G.E., Mukamal, K.(2001). Successful aging. *The American Journal of Psychology, 158(6),* 839-847.

VanderZee, K. I., Buunk, B. P., DeRuiter, J. H., Tempelaar, R., VanSonderen, E., Sanderman, R.(1996). Social Comparison and the Subjective Well-Being of Cancer Patients. *Basic and Applied Social Psychology, 18,* 453-468.

Wadsworth, J.(1993). Unemployment Benefits and Activity. *Oxford Bulletin and Statistics, 55(1),* 1-24.

Waters, L. E., Moore, K.A.(2002). Reducing Latent Deprivation During Unemployment: The Role of Meaningful Leisure Activity. *Journal of Occupational and Organizational Psychology, 75*, 15-32.

Weagley, R, Huh, E.(2004). The Impact of Retirement on Household Leisure Expenditures. *Journal of Consumer Affairs, 38(2),* 262-281.

Whittemore, R., Dixon, J.(2008). Chronic Illness: The Process of Integration. *Journal of*

*Nursing and Healthcare in Chronic Illness, 17,* 177-187.

Wolf, J. L., Starfield, B., Anderson, G.(2002). Prevalence, Expenditures, and omplications of Multiple Chronic Conditions in the Elderly. *Journal of the American Medical Association, 162,* 2269-2276.

Zhang, L. W., Leung, J. P.(2002). Moderating Effects of Gender and Age on the Relationship between Self-Esteem and Life Satisfaction in Mainland Chinese. *International Journal of Psychology, 37,* 83-91.

Zimmer, Z., & Chappell, N. L.(1994). Mobility Restriction and The Use of Devices Among Seniors. *Journal of Aging and Health 6:* 185 ~ 208.

Zimmer, Z., Hickey, T., Searle, M. S.(1995). Activity Participation and Well-Being Among Older People with Arthritis. *The Gerontologist, 35,* 463-471.